クレーム対応以前の
「お客様対応」

お怒り対応マニュアル

K.コム.トレード代表
川合健三

ダイヤモンド社

はじめに 「お怒り対応」で、ほとんどのクレームは解決できる！

「クレーム対応」は皆さんご存じだと思いますが、「お怒り対応」という言葉を聞いたことがある人はほとんどいないと思います。

この本では、**これからの時代の「お客様対応スキル」である「お怒り対応」**について一冊にまとめました。

最近、企業・ショップの従業員の方や、病院・学校の先生や職員の方、市町村などの公務員や公共施設で働く方、お客様対応・消費者対応部門で働く方などから、次のようなお悩みを聞くことが増えました。

「お客様がとにかくイライラしていて、些細(ささい)なことでもクレームになるんです」

「マニュアル通りに対応したら、もっとお客様が怒ってしまいました」

「お客様が何にお怒りなのかがわからなくて困っています」

皆さんも実感することがあると思います。
ウイルス感染の不安、高齢化社会による孤独感、管理社会や競争社会による心の疲弊などから、現代人はさまざまなストレスを抱えています。
SNSも影響してか、従来であればそれほどでもないことを、ことさら大きくとらえる人たちもいます。理不尽に怒りを表したり、他人を罵倒したり、優位な地位を背景に攻撃的になったり……。

彼らは**やり場のない〝イライラ〟〝モヤモヤ〟を、「クレーム」という形に変えて企業の担当者やショップの店員に〝爆弾〟のようにぶつけてきます。**

これまでは、マニュアルに沿ってお客様対応をすればよかったかもしれません。

しかし今は、〝イライラ〟〝モヤモヤ〟を含め、お客様の要望（要求）がわかりにくくなっているため、従業員もどう対応していいのか困るケースが急増しています。

中でも**一番多いのが、「お客様がお怒りになっている（けれども、何にお怒りなのかがわからない）」ケース**です。

このケースがやっかいなのは、対応する従業員だけでなく、お客様本人も自分がなぜ怒っているかよくわからないという点です。

このような、やっかいなクレームへの対応は、マニュアル通りにはいきません。

しかし、ご安心ください。

この本で紹介する**「お怒り対応」**という手法を使えば、**「お客様がなぜ怒っているかわからない」ケースも含め、ほとんどのクレームは早い段階で解決します。**

34年間の百貨店勤務で2000件以上のクレームに対応

お客様相談室長時代を含め、34年間の百貨店勤務で、これまで2000件以上のクレーム対応に携わりました。百貨店退職後は、お客様対応のプロフェッショナルとして、さまざまな企業や組織のコンサルティングや講演などをおこなっています。

私は百貨店出身ですが、コンサルティングや講演をおこなう業種・職種は幅広く、市町村のふるさと納税のお問い合わせ担当の方や刑務所、少年刑務所、拘置所の刑務官の方にお話しすることもありました。

あらゆる業界で**「お客様対応」へのニーズが高まっている**ことを実感します。

百貨店でのさまざまな現場経験と、企業やショップ、さまざまな組織のご担当者様からいただいたご相談から生まれたものが、**「お怒り対応」**です。

百貨店に対し、お客様は質の高いサービスを求めています。また、多くのお客様は、特定の百貨店をひいきにし、長くつき合いたいと思っています。

そのため、ほかのお店ではクレームにならないような些細なことでもクレームになったり、時には「お客様をないがしろにするのか」といった厳しいお叱りを受けたりすることもあります。お客様には、実にたくさんのことを教えていただきました。

一番大切なことは、**お客様の感情に寄り添う**ことです。

お客様の感情に耳を傾け、（同感ではなく）共感し、お客様を理解することで、真の思いや要望が見えてきます。そこから初めてクレーム対応をおこないます。

一見面倒なプロセスに思えるかもしれませんが、この「ちょっとしたひと手間」をかけるだけで、驚くほどスムーズに問題は解決し、お客様との関係も好転します。

お客様との信頼関係を作れれば、「雨降って地固まる」かのように、**長きにわたっておつき合いいただく「よい関係」に変化します。**

クレーム対応で組織が疲弊しないために

高齢者の方や介護や育児で忙しい方などは、日々の行動範囲が自分たちが生活しているエリアに限られてしまいます。

だからこそ、これからの時代、企業やショップは「地域のお客様」とより長く深くおつき合いしていく必要があるのです。このことは、一見よいことのように思われますが、**対応の仕方を間違えてしまうと、長きにわたりクレーム対応に追われる可能性もある**ということです。

ネットショップなどの、**電話でのお客様対応も同様**です。

「デジタルが苦手なお客様から、連日のようにお怒りの電話がきます」と嘆く担当者は、一人や二人ではありません。

お客様や仕事の取引先による迷惑行為「カスタマーハラスメント（カスハラ）」が後を絶たず、コロナ禍を経て増えたというデータもあります。暴言を吐かれたり脅されたりして従業員が休職や離職に追い込まれるケースもあり、いまやカスハラは企業の死活問題、そして社会問題でもあります。

こうした**カスハラ対策にも、実は「お怒り対応」は有効**です。

皆さんの会社や組織の大切な従業員を守るためにも、ぜひとも「お怒り対応」をご活用いただければと思います。

この本の使い方

この本は次のような構成になっています。

序章：「お怒り対応」とは何か。これまでの「クレーム対応」とどこが違うのか

1章：「お怒り対応」の第一段階である「お気持ち対応」の8つの原則
2章：これでは泥沼化する！「お客様対応」10のタブー
3章：正しい「お怒り対応」とは？　6つのOK対応
4章：現場ですぐに使える「お気持ち対応フレーズ」
5章：NG表現をOK表現にする「言い換えリスト」
6章：具体的なケースで理解する、「お怒り対応」よくある6つの事例

一冊に「お怒り対応」のすべてが入っています。

それゆえ全部読むのは大変かもしれません。その場合は、**今ご自分が必要な章や項目だけ**お読みいただければと思います（序章で「お怒り対応」の全体像がつかめますので、できれば最初に読んでいただけるとうれしいです）。

分厚い本ですので、どの章から読んでもご活用いただけるよう、**大切なことは繰り返し解説**しています。

この本を**社内研修や勉強会の教科書**として使っていただく場合は、章や項目

一つずつを皆さんで読み合わせをしていただくのがおすすめです。お読みいただいた後は、自分たちの企業やショップではどうすべきか、現場の皆さんで話し合っていただくのもいいでしょう。

実際、「クレーム対応の教科書」として従業員全員分購入し、定期的な社内勉強会だけでなく、常に読み返して活用したいとおっしゃる経営者もいらっしゃいます。

6章のケーススタディは、実際にこういうケースではどう対応したらいいのか、どう対応するとこじれるのか、といったことを**お客様との会話形式**で詳しく紹介しています。実際に同じようなケースを経験したときに読んでいただく形でも構いません。

お客様への「伝え方」について

この本では、お忙しい現場の皆さんにすぐお役に立つよう「お客様にこうお伝えしましょう」という具体的なフレーズや表現をたくさん掲載しています。

例えば、「〇〇してください」ではなく

「〇〇していただけますでしょうか？」

といった表現方法をおすすめしています。

これらの表現は、実際にお客様にお伝えした経験から作り上げたものです。

以前、「こちらにご記入ください」とお伝えしたら、「何なの？　私に指示しているの？」とお怒りになったお客様がいらっしゃいました。こうした経験から、**「どのようにお伝えするのがお客様にとって一番しっくりくるのか」を試行錯誤しながら生まれた表現**です。

皆さんの会社のルールやマニュアルと照らし合わせて、ご活用いただけましたら幸いです。さっそく見ていきましょう。

序章

クレーム対応とは違う、「お怒り対応」の基本……19

第1章

「お気持ち対応」8つの原則

第2章

こんな対応では「泥沼化」する！「お客様対応」10のタブー

第3章

正しい〝お怒り対応〟とは？ 6つの「OK対応」

第4章 現場ですぐに使える「お気持ち対応フレーズ」……169

第5章

第6章

具体的なケースで理解する、「お怒り対応」よくある6つの事例

序章

クレーム対応とは違う、「お怒り対応」の基本

まずは「お怒り対応」とは何かについて説明します。

「お怒り対応」を理解すると、お客様対応が大きく変わります。

「マニュアル通りにクレーム対応したのに、お客様は納得してくれない」

といった事態も避けられるでしょう。

「お怒り対応」とは何か

「はじめに」で、「お客様の感情に耳を傾け、同感ではなく共感し、お客様を理解しようとすることで、真の思いや要望が見えてきます。そこから初めてクレーム対応をおこないます」とお伝えしました。

「お怒り対応」とは、次の通りです。

お怒り対応＝お気持ち対応＋クレーム対応

最初にお伝えしたいのは、これからの時代のクレーム対応は

❶「お気持ち対応」
❷「クレーム対応」

の両方をおこなっていただきたいのです。

❶と❷を合わせて「お怒り対応」といいます。

この本で言う「クレーム対応」とは、買った商品に何らかの問題があり返品に応じるといった、「事実」に基づいてお客様に何らかの対応をおこなうことを指します。

一方の「お気持ち対応」とは、**お客様の感情に、まず寄り添い、共感・理解を示すプロセスを指します**（共感と同感は違います。後ほど詳しく説明します）。

お客様の考えや思いに耳を傾け、最後までお話を聴く「お気持ち対応」をした後で、問題に対応する「クレーム対応」をおこなうのが、この本で紹介する「お怒り対応」です。つまり、

お怒り対応＝お気持ち対応↓クレーム対応

が基本です。

中には、お怒りだったお客様が「自分の思いがお店の人に伝わった」ということで満足され、問題解決となるケースもよく見かけます。この場合は、**お怒り対応＝お気持ち対応**と言っていいでしょう。

お怒り対応とは

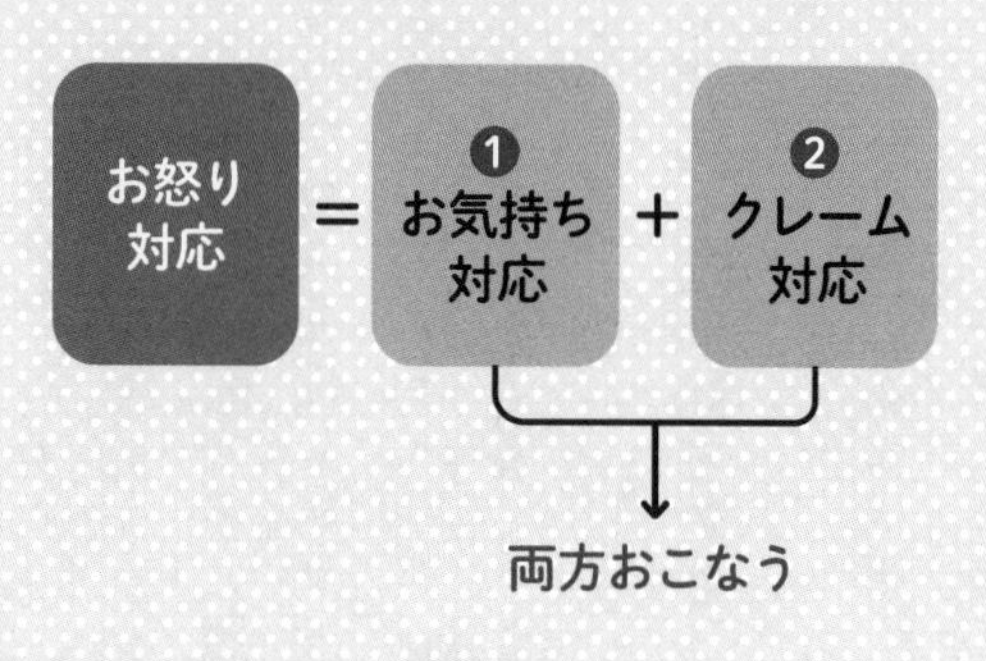

「お怒り対応」の順番

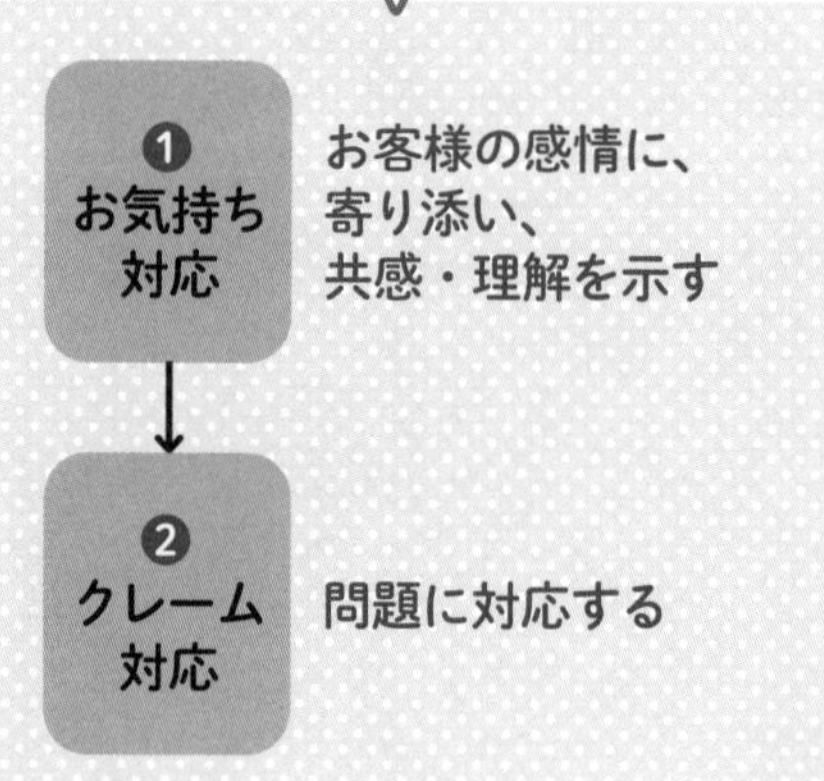

マニュアル通りの対応では、お客様のお怒りはおさまらない！

「お店のマニュアル通りにクレーム対応したのに、お客様を怒らせてしまった」

このような経験は、皆さんもご記憶にあるはずです。

お客様の感情は、返金や返品だけではおさまりません。それどころか「お気持ち対応」をせずに「クレーム対応」だけをしてしまったことで、「カネの問題じゃないんだ！」と**お客様のお怒りが増幅する**ケースもあります。なぜでしょうか。

これは、**お客様が怒っているという〝問題〟に対応しただけで、お客様の〝感情〟に対応していない**からです。つまり「お気持ち対応」というお客様対応ができていないからなのです。

「お気持ち対応」はむずかしいことではありません。この本を読めばコツはすぐにつかめます。まずは「クレーム対応」だけでは十分ではないことを理解しましょう。

「お気持ち対応」せずに「クレーム対応」すると

❷ クレーム対応

だけ

マニュアル通りに
対応したのに…

お客様のお怒りは
おさまるどころか
増していくばかり！

お客様が怒っているという“問題”に対応しただけで、お客様の“感情”に対応していないことが原因

「お気持ち対応」は感情に、「クレーム対応」は事実に対応する

「クレーム対応」は、事実の収集がとても大切です。数多くの事実を集めることによって責任の所在が明らかになってくるからです。

逆の言い方をすると、事実が少なければ責任がどこにあるのかはわかりにくくなってしまうのです。

事実が少ないにもかかわらず、推測や経験を前面に出して対応を進めてしまうことは、間違った結論に至ってしまうことにもなります。そのことは企業側に不幸な結果を招きますし、何よりも、お申し出いただいたお客様に多大なご迷惑をおかけしてしまうことになるのです。双方ともに不幸なことです。

「お気持ち対応」では、〝責任の所在〟や〝原因究明〟をいったん横に置く

例えば、購入して配送をお願いした商品が「まだ届いていない」とお客様からお電話があったとしましょう。

従業員のAさんは、すぐに配送伝票の控えを探し、お届け日時の欄が空欄である〝事実〟を確認しました。空欄だったことから「お客様からはお届け日時の指定依頼を受けていない」という前提で〝調査結果〟をお客様に報告しました。加えて、未着の責任はこちらにはないこともお伝えしました。

すると、伝えられたお客様はまるで**「あなたが間違っているのですよ」と従業員から責められた気持ち**になってしまいます。その結果、お客様のお気持ちは「今日の午前に届くという話だったのに、その言い方はなんだ!」と、**本題とは違うお怒り**に変わってしまいました。これは**よくある失敗ケース**です。

「クレーム対応」では、事実の収集と責任の所在を明確にすることが重要であることは述べましたが、クレームのお申し出をするお客様の立場になって考えてみると、ちょっと違ってきます。**早々に「クレーム対応」をしてしまうことは、むしろ解決の道をふさいでしまう**ことになります。

なぜならば、クレームを申し出るときのお客様のお気持ちは〝不安〟〝怒り〟〝いら立ち〟〝悲しみ〟などネガティブな感情に満ちあふれている状態だと想像できるからです。そのような状態のお客様に、感情に寄り添うこともせずに、事実を把握しようと矢継ぎ早に質問などしてしまったら、お客様のマイナス感情は一気にふくれ上がり、爆発してしまいます。

だからこそ、まずはお客様の〝感情〟に寄り添うこと、すなわち「お気持ち対応」から始めないといけないのです。

お客様の〝不安だ〟〝困っている〟〝残念だ〟という言葉は、ネガティブな感情の表れです。

まずは感情に寄り添うことから始めます。

お客様の立場になって考えてみる

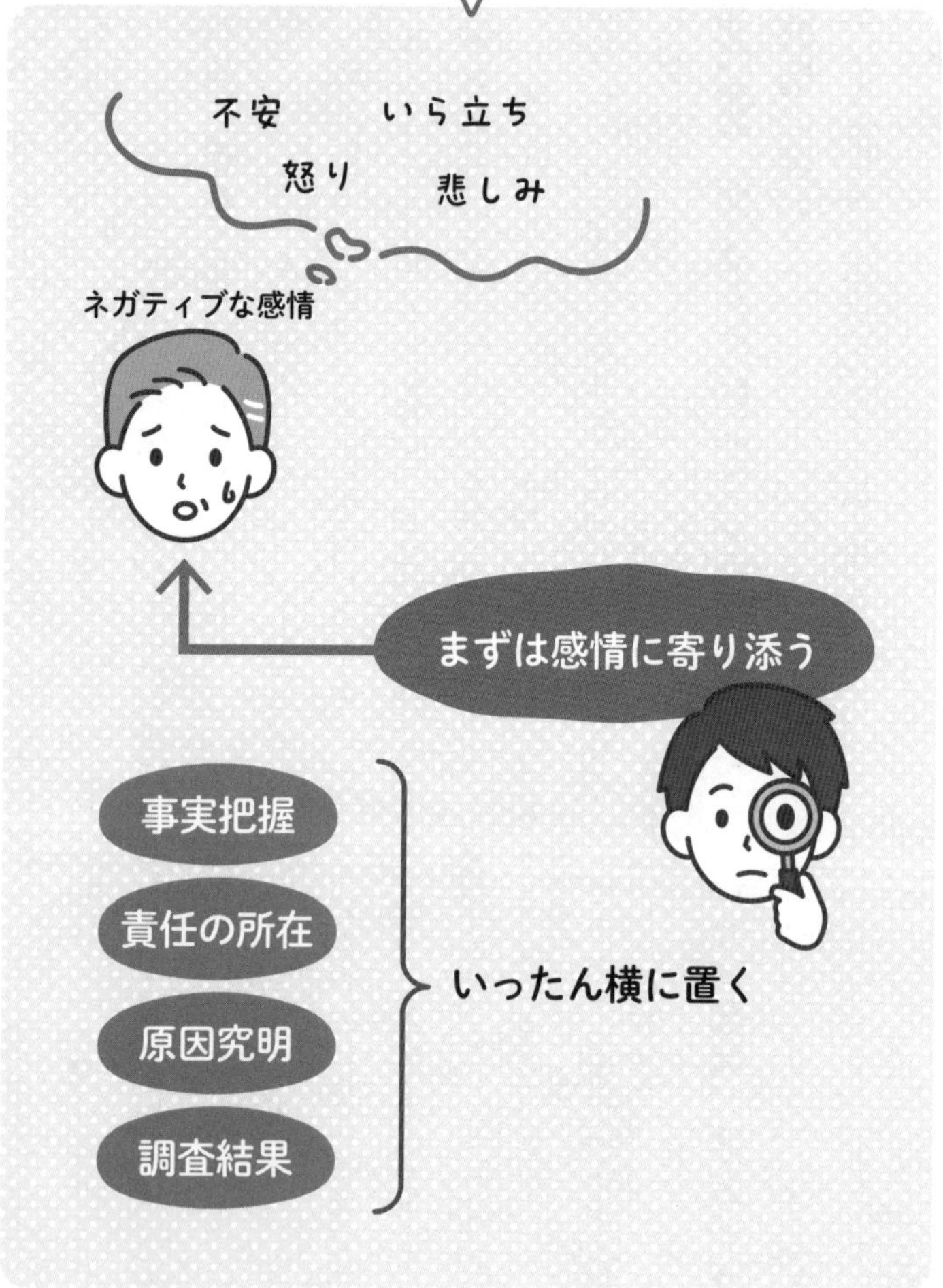

不安　いら立ち
怒り　悲しみ

ネガティブな感情

まずは感情に寄り添う

事実把握
責任の所在
原因究明
調査結果

いったん横に置く

「クレーム対応」3つのポイントは、後回しでOK

クレーム対応ではこの3つが大切だと教わった人も多いでしょう。

❶事実を正しく把握しましょう
❷責任の所在（誰に責任があるか）を明確にしましょう
❸なぜそのようなことが起こったのか、原因を究明しましょう

もちろんこの3つが大事であることは言うまでもありません。しかし、「お気持ち対応」では、❶の事実はもちろんのこと、❷誰が悪いのか、❸なぜそうなったのか、といった**責任の所在や原因の究明はひとまず横に置いて、お客様の感情に寄り添う**ように応対します。

例えば、突然強い雨が降ってきたとします。

お客様から「お店の入り口の床が濡れて滑りやすくなっているぞ！　危ないので何とかしろ」と、ご注意を受けたとします。

この場合、雨が降ってきたから床が濡れたのであって、うちの店が濡らしたわけではない、こちらに言われても……と責任がないことを強調しても意味がありません。

また、「入り口のどのあたりですか？」といきなり現場検証をしようとしたり、「急な雨だったので対応が遅れました」とすぐに対応できなかった理由をお伝えしたりするのも、今の時点ではやはり意味はありません。

お客様の感情に寄り添うのであれば、

「大変申し訳ございませんでした。床が濡れて滑りやすい状態だったのですね。失礼いたしました。お怪我（けが）などはございませんでしょうか？」

と、責任の所在や真偽のほどは別にして、まずはお客様の不安に寄り添うような言葉とおわびの言葉をお伝えするとよいのです。

「いや、私は大丈夫だよ。ただ、小さいお子さんが滑って危ない目に遭うのはかわいそうだからね」とお客様。

入り口に行くと、雨で床が少しだけ濡れている程度でしたので、ただちに拭くと、お客様は「すぐに対応してくれてありがとう」と安堵してその場を立ち去りました。

このように、**お客様の感情ファーストで「お気持ち対応」をすると、お客様のイライラはスッとおさまることが多い**のです。

「お気持ち対応」ではなく「クレーム対応」を優先してしまうと、お客様は戸惑ってしまいます。

それどころか、お客様の感じ方によっては「それじゃあ、雨が悪いので『天』に言ってくれ、とでも言いたいのか！　屁理屈言うな！」と別な角度からお怒りをぶつけてくることさえあるのです。

突然お客様に強い口調でお叱りを受けると、私たちは驚いてしまい、どう対応していいかわからないままオロオロしてしまいがちです。そんなときこそ、お客様の言葉にじっくりと耳を傾け、お客様のお気持ちに寄り添う言葉をお伝えしましょう。

「クレーム対応」の3つのポイントは後回し

お店の入り口の床が濡れて
滑りやすくなっているぞ

入り口のどのあたりですか？

うちの店は濡らしていません

急な雨だったので対応が遅れました

そういうことを
聞きたいんじゃない

後回しでいい

①事実を正しく把握する
②責任の所在を明確にする
③なぜそのようなことが起こったのか、
原因究明する

大変申し訳ございませんでした。
床が濡れていて滑りやすい状態だったのですね。
お怪我などはございませんでしたか？

いや、私は大丈夫だよ。
ただ…

お客様の感情ファーストで
対応する

「お気持ち対応」だけすれば いいというわけではない

「お気持ち対応」をスムーズに乗り切れば、解決への道のりの8割はクリアしたと言えます。しかし、お客様の感情がおさまっても一件落着とならない場合もあります。

- **商品の返品や交換をおこなう**
- **返金に応じる**
- **正式に謝罪する**

といった対応が必要な場面では、「お気持ち対応」をした後に、通常の「クレーム対応」をおこないます。

中には、担当者だけでは対応しきれないような複雑なケースもあるでしょう。その場合は、ショップや企業の責任者・法務担当・総務担当、専門家などを交えて、組織（会社）として法律に則って合理的にお申し出の内容を検討し、判断します。

〝クレーム対応は組織対応が原則〟ですので、上司や責任者にバトンタッチしたり、一緒に対応したりします。

いずれにせよ**お客様対応の基本は、「お気持ち対応」してから「クレーム対応」する**という流れが原則で、この**順番を守ることが大切**です。

前述の通り、「お気持ち対応」をせずにいきなり「クレーム対応」をしようとすると、お客様のお怒りが大きくなり、炎上してしまいます。

「お気持ち対応」でお客様の感情を受けとめた後に「クレーム対応」をすれば、同じお客様対応でも、**お客様の〝納得度〟はまったく違ってきます。**

「こちらの気持ちをわかってくれた上に、きちんと対応してくれた」

とお客様から感謝の言葉をいただくなどプラスの評価を受け、リピーターになっていただけることもあるのです。

無意識のうちに、お客様を悪質クレーマー扱いしていないか

カスタマーハラスメント・通称「カスハラ」は、お客様という優位な立場を利用して、従業員に理不尽な要求や悪質な嫌がらせなどをおこなう行為を指します。近年、社会問題化しています。こうした背景もあり、**企業側の人間はお客様からのクレームに過敏・過剰に反応しがち**です。

お客様が勇気を出してお申し出をしたことに対して、企業側は「お客様は何かを要求しようとしているのでは？」と必要以上に身構えてしまい、「こちらには否がありません」といきなり責任の所在を明確にしようとするケースはよくあります。

お客様は敏感です。

「私のことを悪質クレーマーだと思っている」と感じてお客様はとても傷つきます。汚名を着せられたと怒り、本当に悪質クレーマーになってしまうこともあるのです。

お客様が「恥をかかされた」と感じたときも、お怒りは増幅します。

例えば、従業員がこのお客様は勘違いをしているに違いないと決めつけて

「私どもでは、商品をお渡しする際には必ず確認してからお渡ししていますので……」

とか

「お客様からお申し出をいただいた際には、私どもでは必ずメモして記録を残すようにしていますので……」

などというような言葉をお伝えしたときです。

「顔をつぶされた」

「恥をかかされた」

と感じてしまったお客様のお怒りを鎮めるのは、並大抵なことではありません。後でどんなに謝ってもなかなかお許しいただけないものです。

「お気持ち対応」は、言い換えれば〝お客様の顔をつぶさない〟対応、〝お客様を立てる〟対応です。

お客様は敏感
もしかして
文句を言って
返金しようとしている
クレーマー？
勇気を出して
改善点を伝えただけなのに、
私のことをクレーマーだと
思ってる…ひどい！
顔をつぶされた
恥をかかされた
お客様のお怒りが爆発し
本当に悪質クレーマーに
なってしまうことも

実は、悪質クレーマーにも「お気持ち対応」が効く

では、悪質クレーマーに遭遇したときにはどうすればいいのでしょうか。

やはりここでも、**「お気持ち対応」が効果を発揮**します。悪質クレーマーにも効果的なのです。

よく**「悪質クレーマーに謝罪などしたら相手の思うツボでは？」**と質問されることがあります。

「お気持ち対応」はお客様の感情に寄り添うものです。

満席だったので、注文した料理が出るまでに30分もかかってしまったレストランで、

「料理が出てくるのが遅いからタダにしろ！」

と理不尽な要求をしてくるお客様がいたとします。

この場合も、

「誠に申し訳ございませんでした。お料理をお出しするのがとても遅くなってしまったことでご不快なお気持ちにさせてしまいました。大変失礼いたしました。おわび申し上げます」

と、お客様の感情に寄り添い、まずはおわびするのです。

〝遅い〟と感じる時間は人によって違うものです。人によっては、私はこのくらいの待ち時間であれば、〝遅い〟などとは感じない、という人もいるかもしれません。

しかし、「お気持ち対応」なのです。

とお客様のお気持ちに寄り添ってお申し出を受けとめることが求められるのです。

（私は遅いとは感じていないけれど、このお客様は遅いとお感じになっているのは事実だ）

丁重におわび申し上げます。

その結果、お客様が「さんざん待たせたのだから料金はタダにしろ」と言ってくることがあります。

ただし、これ以上は寄り添う必要はありません。

「お気持ち対応」の次は「クレーム対応」ですので、「タダにせよ」という理不尽な要求については、

「申し訳ございません、私どもではそのような対応はしておりませんのでご容赦いただきたいと存じます」

とNO!をはっきりと伝えます。

このように、お客様が、

・**何か不安や不満を伝えたいと思っているだけなのか**、それとも
・**悪質クレーマーで理不尽な要求を突きつけているのか**、について

「お気持ち対応」で明らかになるケースは多いのです。

また、お客様の感情に寄り添いおわびの言葉を伝えることで、「従業員の態度が悪い」といった悪質クレーマーの言いがかりを先につぶすことにもなるのです。

第1章

「お気持ち対応」8つの原則

「お気持ち対応」の、これだけは守ってほしい8つの原則を紹介します。どんなふうにお客様のお気持ち（感情）に寄り添えばいいのか、具体的なやり方を頭に入れておくと、いつでもどこでも、どんなにお客様が怒っていても、落ち着いて対応できるようになります。

原則1

お客様のお気持ちに寄り添う

まずは、お客様のネガティブな感情に寄り添う

序章でもお伝えした通り、「お気持ち対応」は「クレーム対応」とは違います。
「お気持ち対応」の第1原則として、いきなり「クレーム対応」ではなく、お客様の**「お気持ち（感情）」に寄り添う言葉をお伝えする**ことを真っ先におこないます。

お客様が
「まだ商品が届いていないんだけど」
とおっしゃったら、

「『ご依頼いただいた商品がまだ届いていない』ということですね。ご心配をおかけして申し訳ございません」

と返すのです。

お客様から

「買った商品が最初から不良品だった」

というお言葉をいただいたら、

「お買い上げいただいた商品が最初から不良品だったということですね」

と返すのです。

このように、**お客様の不安やいら立ちといったネガティブな感情に寄り添うような言葉で復唱します。**

お客様の「お気持ち（感情）」に寄り添う言葉をお伝えする

まだ商品が届いていないんだけど…

「ご依頼いただいた商品がまだ届いていない」
ということですね。
ご心配をおかけして申し訳ございません

お客様の不安やいら立ちといった
ネガティブな感情に寄り添うような言葉で復唱

お客様への共感・理解を示す

原則2 「お客様が正しい」を前提に応対する

お客様のおっしゃったことに「共感と理解の姿勢」を示す

重要なのは**お客様のおっしゃっていることが真実か否かはいったん横に置く**ことです。

話の真偽はさておき、お客様のおっしゃったことに対し、まずは共感と理解の姿勢を示します。

応対する人の**最初の反応は特に大切**です。

ここで対応を間違えてしまうと、

「私のことを疑っているのか!」とか

「何だ、その言い方は！」

などとなり、お怒りに変わり謝罪要求されてしまうことになりかねません。

一方、第一声で

「お客様のお気持ちはわかります」

といった理解の姿勢が伝われば、お客様は、自分の不安や不満を

「（応対者は）わかってくれている」とか

「わかろうとしてくれている」と感じ、安心して不満を話し始めます。

このように「お気持ち対応」で応じれば、初動さえ間違えなければ、解決までのプロセスの8割まで進んでいると言えます。

言い換えれば、**「お気持ち対応」は初動が肝心**なのです。

あわてて解決策を伝えようとしたり、お客様の主張をさえぎったりするのはNGです。まずは一呼吸、お客様のおっしゃっていることをよく聴いて、復唱しましょう。このワンクッションが解決への近道になるのです。

「お気持ち対応」は初動が大事！

この商品、壊れているみたいだけど…

お客様、電池の入れ方が違っていますよ！

ご安心ください。その件でしたら、
すでにメーカーに伝えました

あわてて解決策を伝えようとしたり、
お客様の主張をさえぎったりするのはNG

私の話を全然聞いてくれない…

わかってくれないのなら、
これ以上、話してもムダだな…

第一声で「お客様のお気持ちはわかります」
という理解の姿勢を伝えること

「こちらの商品が壊れているみたいだ」
ということですね。
ご迷惑をおかけして申し訳ございません

原則 3

その場で結論は言わない

感情に寄り添うことと、お客様の要求・要望を受け入れることは違う

注意すべきは、**お客様の言い分は現時点では真実かどうか不明**であるという点です。

真偽不明なのにお客様の要望を「承諾してしまう」のは避けるべきです。この時点では、要求・要望を承諾してはいけません。**感情に寄り添うことと、お客様の要求・要望を受け入れることは違います。**

例えば、お客様の使い方が誤っていたため、お買い上げいただいた商品が壊れてしまい、その商品を持って来られたとします。お客様は何がなんでも返品・返金してもらいたいと主張しています。しかし、お客様のお申し出内容の真偽は今のところよくわかりません。

お客様の勢いに押されてしまい、あわてて

「ご返金いたします」

「新品交換いたします」

などと**結論を出してはいけません**。

応対者がまずしなければならないことは、お客様が主張したいことを好きなだけお話しいただけるような**「聴き役（聞き役）」に徹する**ことです。

応対者の役割で大事なことは、お客様の話に耳を傾けることです。

聴く（「聞く」ではありません）、**聴き取る**ことなのです。

お客様が話している最中に、反論する・否定するなどは絶対に避けなければなりません。

お客様が話をしている最中にさえぎることは、感情を刺激し〝ことを荒立てる〟以外の何ものでもありません。

感情に寄り添うことと、お客様の要求・要望を
受け入れることは違う

この商品、壊れているみたいだけど…

すぐに
結論を
出すのはNG

ご返金いたします

新品交換いたします

お客様の言い分は
現時点では真実かどうか不明なので
あわてて要求・要望を承諾しない！

まずは状況を詳しくお伺いできますでしょうか

大事なことは
お客様の話に耳を傾け
聴き取ること

原則 4

お申し出を、「そうでしたか」とそのまま受けとめる

「そうでしたか」と反応したり、うなずいたりする

お話に耳を傾ける際に必要なことは、お客様のお申し出の内容に、

「そうだったのですか」
「そんなことがあったのですね」

とタイミングよく反応することです。

よく耳にすると思いますが〝うなずく〟〝相づちを打つ〟という言葉があります。

〝うなずく〟とは、表情豊かに、コックリと首を縦に振ることです。

言葉を発したわけではないのに、お客様には
「そうだったんですね」

「よくわかります」

といったニュアンスが伝わるのです。

次の〝相づちを打つ〟とは、
ボディランゲージを活用しながら、**うなずきと同じタイミングで**

「そんなことがあったのですか」

「それはお困りになったでしょう」

と声に出して返すことです。

いずれも、この2つを使い分けながら、タイミングよく表情豊かに返すことで、お客様には

「この人、私の気持ちをわかってくれているんだ」

と感じ取っていただけるのです。

お客様のお話に「反応」する

うなずく

お客様のお話に、
タイミングよく
表情豊かに
反応する

表情豊かに、
コックリと首を
縦に振る

そうだったのですか

そんなことがあったのですね

相づちを打つ

それはお困りになったでしょう

私の気持ちを
わかってくれているんだ

うなずきと
同じタイミングで
声に出す

原則 5

お客様のお申し出を〝復唱〟する

お客様が発したお言葉と同じ言葉を〝繰り返す〟

〝復唱〟とは、お客様のお話を理解していると確認していただけるように、言われたことを繰り返して言うことです。

表情豊かにうなずいたり、相づちを打ったりして応対しながら、**ところどころでお客様が発したお言葉と同じ言葉を〝繰り返す〟**とさらによい効果が出てきます。

お客様が

「使い方は間違っていないはずです」

とおっしゃったときは

「そうすると、『使い方は間違っていなかった』ということですね」

と同じ意味の言葉で返すのです。

「初めて袋から出したときから、少しおかしいな、と思っていたのです」

とおっしゃった場合は

「そうですか、初めて袋から出したときから、少しおかしいと思われていたのですね」

と同じ言葉で返せばよいのです。

お客様の言い分が正しいか否かは横に置きます。

この時点では、真偽を明らかにすることが目的ではないからです。目的は、お客様のお気持ちに寄り添いながら、お話の内容とどのような感情なのかを聴き取ることなのです。

このようにお客様の言い分を〝復唱〟すると、お客様は、自分が話した通りに相手から返ってきたわけですから、

「わかってもらえた」

と感じることになるのです。

申し出たこと、特に**大切なポイントを応対者から復唱してもらえれば、「わかってもらえた」と感じる**のは当然です。お客様は安堵感を覚えます。

お客様が発したお言葉を“繰り返す”

使い方は間違っていないはずです

そうすると、
使い方は間違っていなかった
ということですね

初めて袋から出したときから、
少しおかしいな、と思っていたのです

そうですか、初めて袋から出したときから、
少しおかしいと思われていたのですね

理解してもらえた

お客様のお気持ちに
寄り添いながら、
お話の内容と
どのような感情なのか
を聴き取ることが目的

原則6 感謝の言葉を伝えた後に、要約する

お話が終わったら、感謝を伝え、「お申し出内容」をまとめる

お客様の言い分を、タイミングよく〝うなずき〟〝相づち〟を返し、適宜、〝復唱〟しながら聴きます。お話が終わった時点で応対者は、感謝の言葉をお伝えしながら、お客様のお話をまとめます。

「詳しいお話をありがとうございました（感謝）」

そして

「そうしますとお申し出の内容は、『袋を開けた時点で、AがBになっていたのでおかしいなと感じられたのですが、大きな問題ではないと思われてご使用を続けられていたのですね。今から考えると最初から壊れていたようなので、できれば返金をご希望されている』ということですね（要約）」

となります。

まとめの内容が的確であれば、お客様からは「そうです」という返事がくるはずですし、一部違っているならば「いや、AがBになっていたのではなく、BがCになっていたのです」とあらためて説明してくださるはずです。

新たな説明をお聴きした後には、やはり**最後に「再まとめ」をおこないます。**

お客様が貴重な時間と労力をさいてくださり、貴重なご意見までいただきました。

働いている「内部」の自分たちでは見えていなかったことを、外から、実際に使用した消費者の立場から、ご意見・ご感想として教えていただいたのです。
だからこそ、お申し出のお客様に感謝の言葉をお伝えするのは当然のことです。お客様を尊重し丁重なお礼を申し上げることで、信頼関係はより強いものになります。

「お客様、本日は私どものために大切なお時間をいただき、さらに貴重なご意見まで賜りましたこと、本当にありがとうございました。とても参考になりました」

このような感謝の言葉を受けて、お怒りが鎮まらないお客様は皆無といってよいでしょう。この後に続くクレーム対応では、スムーズに進展することは間違いありません。

「お申し出内容」をまとめる

お話が終わった時点で、
感謝の言葉をお伝えしながら、
お客様のお話を要約する

感謝

詳しいお話をありがとうございました

要約

そうしますとお申し出の内容は、
「○○○○～」ということですね

締めの言葉

お客様、本日は私どものために大切なお時間をいただき、
さらに貴重なご意見まで賜りましたこと、
本当にありがとうございました。
とても参考になりました

お客様も
怒りがおさまり
笑顔に

原則 7

2種類の謝罪を使い分ける

おわびを積極的に活用する

おわびの意味を正確に把握すると、**おわびを積極的に活用**できるようになります。

買った商品が不良だった、というお申し出を受けて内容を聴き取った時点で、丁重におわびをします。

このおわびは、商品が不良だったことを認めておわびしているのではありません。きちんと点検もせずに商品をお渡ししてしまった、と認めておわびしているわけでもありません。

企業側のミスがあったかどうかわからない時点では、「ミスをしてしまいました」

「責任の所在は私どもにございます」などと、あわてておわびしてはいけません。

なぜなら、**お客様の言い分の真偽は、今の時点ではまだわかっていない**からです。お客様から情報は十分聴き取りましたが、それはあくまでもお客様の言い分に過ぎません（お客様の言い分が間違っている、と言っているわけではありません）。これから調べを進めていくうちにどのような展開になっていくのかわからないのです。どうなるかわからない今の時点で結論を出してはいけません。

お客様は、「購入した商品を、気分よく・期待通りにご使用できなかった」とおっしゃっているのです。

購入した商品によって、お客様が何らかの嫌な思いをしたとおっしゃっているのです。そのことについてはおわびすることは何ら問題ありません。

いわば、**お客様のお気持ちに寄り添うおわびをすればよい**のです。

「ご迷惑をおかけしてしまい申し訳ございませんでした」

「ご不快なお気持ちにさせてしまい、誠に申し訳ございませんでした」

お客様が、言いたいことを十分に言えた、聴いてもらえた、わかってもらえた、その後には感謝の言葉をもらい、さらに丁重なおわびまでしてもらった、と感じたとき、この後の流れはとてもスムーズになることは容易に推測できます。

2種類の「おわび」を使い分ける

おわびを〝責任承認謝罪〟と〝共感表明謝罪〟に分けて考えましょう。

〝責任承認謝罪〟は、ずばり「そこのところは私どものミスです」と、ミスが明白であり責任を認めなければならないときに使用するものです。

「今回の件では、私どもの商品にミスがあったことが

わかりました。大変申し訳ございませんでした」
「私どもの販売員がお客様に間違えたことを
説明してしまいました。誠に申し訳ございませんでした」

となります。

こちら側のミスが明白で、その責任を負わなければならない場合には、躊躇(ちゅうちょ)なく**〝責任承認謝罪〟**をしなければなりません。

一方、**〝共感表明謝罪〟**は、今の時点では白黒つけられない、この後の調査結果が必要だ、という場面で使用するものです。

責任を認めているとは一言も申し上げていませんし、ご気分を損ねたこと、感情におわびしているだけですから、**〝共感表明謝罪〟は出し惜しみすることなくタイミングよく活用することをおすすめします。**

2種類の謝罪の違いを理解していないと、

「クレームのお申し出を受けたからといって、すぐにおわびしてはいけない。おわびしたら〝非〟を認めたことになるからだ」という〝都市伝説〟（誤解）が広がってしまいます。

また、逆に、「お客様が怒っているときは、感情を鎮めるためにすぐにおわびしなさい。返金してもよいです」などと間違った指導・指示をおこなう上司も多数見かけます。そのようなことが職場で常識となってしまうと、そのお客様だけでなく、多くのお客様に間違った企業メッセージを出してしまうことになります。安易なクレーム対応をし続けると、企業の信用は失墜し、企業存続の危機に陥る可能性もあります。

2種類の「おわび」を使い分ける

明らかにこちらのミス

責任承認謝罪

私どもの販売員が
お客様に間違えたことを
説明してしまいました。
誠に申し訳ございませんでした

今の時点では白黒つけられない

共感表明謝罪

ご不快なお気持ちにさせてしまい、
誠に申し訳ございませんでした

**2種類の謝罪の違いを理解し
場面に応じて使い分ける！**

お気持ちを鎮めるために「3変」を使う

想定通りにいかないときは、「3変」を活用する

世の中にはさまざまなお客様がいらっしゃいます。

そのため、お客様対応は想定通りにはいかないことが多々あります。丁寧・丁重に応対していても埒（らち）があかないときもあるのです。今の状況のまま応対を続けても明るいゴールが見通せないこともあります。

このようなときには、「3変」という応対方法を活用します。

「3変」とは、次の3つです。

❶場所を変える　❷人を変える　❸時を変える

誠意ある対応にもかかわらず、お客様はなかなか納得してくれません。

そういうときは、一呼吸置いたところで**❶場所を変える**、を使います。

「お客様、これまでのお話を伺いましたが、とても重要な内容だと感じています。お立ちいただいたままお話を伺うよりも、**〝応接室〟がございますので、そちらでじっくりと拝聴したいと存じますがいかがでしょうか？」**

あるいは**❷人を変える**、を使います。

「お客様、とても大事なお話のようですので、**私よりも責任者がお話を伺ったほうがよいと存じますがいかがでしょうか？」**

または、**❸時を変える**、も有効です。

「お客様、大事なお話をありがとうございました。私どもにとりましても、とても重要な内容だと感じております。今までお伺いした内容を、責任者と共に会社として正式に検討させていただきたいと存じます。**2日ほどお日にちをいただいてもよろしいでしょうか？**」

「**2日後の午後2時頃に**私どものほうから会社としての正式な回答を電話でお伝えしたいと存じますが……」

今までのいら立ちが少しだけ鎮まり、くやしさも減っていくことでしょう。一晩・二晩たてば、考え方も変わっていくことがあります。

お客様のお気持ちを鎮める方法として、〝3変〟を活用するのはおすすめです。

「3変」を活用する

1 場所を変える
2 人を変える
3 時を変える

場所を変える

“応接室” がございますので、
そちらでじっくりと拝聴したいと存じますが
いかがでしょうか？

人を変える

お客様、とても大事なお話のようですので、
私よりも責任者がお話を伺ったほうがよいと
存じますがいかがでしょうか？

時を変える

2日ほどお日にちをいただいても
よろしいでしょうか？

上司も部下に「お気持ち対応」を！

お客様対応・消費者対応部門の上司の皆さん、定期的に部下やスタッフの話をじっくり聴く機会を設けていますか？

週1回、月1回など定期的に、部下（スタッフ）と1対1、あるいは全員と面談やミーティングをおこないましょう。

お客様・消費者からの声を受け付ける仕事は、「感情労働」といわれています。精神的に大変な負担のかかる仕事であることは、上司の皆さんもご存じでしょう。今すぐ部下やスタッフの「お気持ち対応」をするべく、定期的に話を聴く場を設けることを強くおすすめします。

やり方は簡単、個人面談にせよ、ミーティングにせよ、部下（やスタッフ）にどんどん話をさせるだけです。自由にありのままに、話したいだけ話してもらうのです。間違えても、部下の話に対し反論・否定したり、いつものように指導・解説したりしてはいけません。「お気持ち対応」同様、**じっくり話を聴き取る**のです。

話の途中で上司が口をはさんだら、部下は一切、話をしなくなります。上司のお説教など聞きたくないからです。知識の提供もいりません。余計なストレスをかけてはいけません。上司は「ただ聴くこと」に徹しましょう。

コツは、部下がもっと話をしたくなるように、短い言葉で返しながら聴くことです。そして最後に、**「大変な業務をよくがんばっていますね。いつもありがとう。困ったことがあれば何でも相談してくださいね」**と感謝の言葉を伝えればよいのです。

「プレイングマネジャーなので忙しくて時間がない」という上司の皆さんにおすすめなのが、**昼食時間の前後を利用する**ことです。

昼食時間（は規定通り取る必要があります）の前後に、5分10分、話を聴くだけでも違います。

この定期的な面談・ミーティングを続けていくうちに、上司がいつも支えてくれていると感じ始め、部下の心はとても軽くなりますし、「やる気」にもつながります。離職率の低下や働きやすい職場環境作りに大きく貢献することでしょう。

第2章

こんな対応では「泥沼化」する！
「お客様対応」10のタブー

ついやってしまいがちな10のNG行動について解説します。「適切かつ正しく対応したつもりが、お客様の感情を逆なでしてしまった」といったケースは、誰もが経験があるでしょう。「タブー」を知ることで、こうしたクレームやトラブルを未然に防ぐことができます。

お客様対応タブー 1

あわてて事実確認をしてしまう

お客様が怒鳴り込んできたら……

お客様が「どうなってるんだ！」と怒鳴り込んできたら、誰でもあわてて対応してしまうものです。

しかし、ここで気をつけるべきは、何とか対応しようと急ぐあまり、**事実を調べた結果を素直にそのまま回答してはいけない**ということです。特に、その結果がお客様の不利益につながってしまうようなときはいっそうの注意が必要です。

よくあるのは、お客様が勘違いしていてお怒りになっているケースです。

「今日届くと言っていたのにまだ届いていない！」

お客様のお怒りを受けて伝票を確認すると、お届け日は明日の日付になっている、あるいは今日の19～21時に指定されている。皆さんも経験があるでしょう。

ここで急いで「お客様、伝票の日付指定欄には『今日』ではなく、『明日の午前中に配達』と書いてありますが……」と正直にそのまま「事実」をお伝えしてしまうと、どうなるでしょうか。**お客様の立場・面目は丸つぶれ**になってしまいます。

「でも、たずねられたから事実を伝えただけですよ」という言い分はあるとしても、応対者から間違いをストレートに言われたら、お客様はおもしろいはずはありません。

「何なのその言い方は……。それじゃあ私が間違っていたとでも言いたいのか？『この場で謝れ！』と言いたいのか？ 失礼じゃないか！ 買ったときに今日届けてほしいと私は伝えたはずだよ！」

自信を持ってお申し出をしたお客様です。

「私のほうが間違えていたようだ……」

と急に不安を感じたとしても、**引っ込みがつかなくなってしまい、かたくなに「自分は間違っていない」と居直ってしまう**ことはよくあります。

お客様のプライドを傷つけてはいけない

いきなり事実を突きつけて「お客様が間違っているのですよ」と言うことは、お客様のプライドを傷つけることになりかねないのです。

一方、最初にお客様の感情に寄り添った言葉をおかけする場合はどうでしょうか。

「本日届く予定の商品がまだ届いていないということですね。ご心配をおかけして、誠に申し訳ございません。すぐにお調べいたしますので、伝票番号を伺ってもよろしいでしょうか？」

このように「お客様の言い分を尊重する」という前提でお話を伺うことと、ワンクッション置くことが、とても大切になります。

応対者が最初からお客様のお気持ちに寄り添って、お互いの〝心の距離〟を縮めようとする姿勢を見せると、お客様の怒りのお気持ちは多少やわらぐものです。

事実確認の結果を伝えるときには、

「今日のお届けということで承りましたのでお調べしましたが、私どもの伝票の控えには明日となっているようですが……、いかがでしょうか？」

とやんわりと伝えると、お客様としても

「あれ？　明日のお届けになっているの？　どれ？　見せて。あれ？　本当だ。私の勘違いかなあ……、てっきり今日だと思っていたよ。申し訳ない」

と弁解しやすい雰囲気になるのです。

この流れがあれば、お客様はすんなり〝引く〟ことができるのです。

お客様のプライドを傷つけてはいけない

今日届くと言っていたのにまだ届いていない！

お客様、伝票の日付指定欄には「今日」ではなく、「明日の午前中に配達」と書いてありますが…

↓

いきなり「事実」をお伝えしてしまうと、お客様の立場・面目は丸つぶれ…

お怒りスイッチON！

何なのその言い方は！
買ったときに今日届けてほしいと私は伝えたはずだ！

本日届く予定の商品がまだ届いていないということですね。
ご心配をおかけして、誠に申し訳ございません。
すぐにお調べいたしますので～

「お客様の言い分を尊重する」前提でお話を伺う

お客様対応タブー 2

経験から「察して」説明してしまう

ベテランこそ要注意！

ショップで長年働いていると、商品について、取り扱い方について、豊富な商品知識や販売知識が身についているものです。〝プロの販売員〟だからこそ、買物の際にお客様はアドバイスを期待しています。

知識が豊富であり長年にわたる販売経験があるだけに、販売員は**商品や商品に関連することについては、絶対的な自信を持っている**ものです。

このような販売員が、クレームのお申し出を受けて説明を聞くと、「1（いち）を知って10（じゅう）を知る」とばかり、お客様が「1」おっしゃっただけで言い分を全部理解してしまうものです。

なぜなら同じようなお申し出を何度も経験しているし、さまざまな販売経験や知識を持つ専門家・プロなのです。お客様からのお申し出の流れが見えるのは当然です。

だから、お客様のお申し出に

「嘘がある」

「オーバーに言っている」

「勘違いしている」

といったことも、一瞬のうちに読み取れるスキルを持っているのです。

ところが、その**スキルを持っていることが、逆に災いになってしまう**こともあります。

「1」を聞くだけで「10」を知ってしまうことで、お客様が説明の途中であるにもかかわらず、話の腰を折って

「お客様、それは～」などと、販売員が話し始めてしまうのです。

折るだけでなく、今度は販売員が長々と説明をし始めてしまうことさえあります。

ベテランこそ要注意！

悪気なく
“経験測”で
話をしてしまう

お客様、こちらは汚れがありますね。
一度や二度の使用では
こうなることはないかと…

ははん、使った跡が
あるのに
強引に返品しようとしているな

そういうことを聞きたいんじゃない！
わかったふうな口をきくな！

図星だけど腹が立つ言い方だな！

ちゃんと動かなくて困っているのですね。
まずは状況を詳しくお伺いできますでしょうか

まずは
お客様の
話を聴く

かえってお客様を怒らせてしまうかも……

しかも、多くの販売員は多忙ですし、先まで読めるので（本当に読めているかどうかはわかりません）お話を最後までじっくりと聞いている時間などありません。

無駄に時間を使うよりも、効率よく応対したいと考えてしまいます。

その結果、悪気なく〝経験則〟で話をしてしまうのです。

「お客様、こちらは汚れがありますね。一度や二度の使用ではこうなることはないかと……」

「ここを無理に引っ張るようなことをしない限り、このような状態にはなりませんが……」

これでは、まとまる話がまとまるわけがありません。

ベテランだからこそ、お客様を怒らせてしまうこともあるので要注意です。

お客様対応タブー 3

私たちは正しいという〝思い込み〟で話す

「そもそも間違いなどあるはずがない」という思い込み

取り扱っている商品は、自分の会社が製造したもの、仕入れたものなので、当然のように販売員は商品に絶対的な自信を持っています。私の会社が製造した、あるいは販売した商品ですから、不良品であるはずがないと信じています。

販売に関係する業務や作業もきちんとやっていますから、「そもそも間違いなどあるはずがない」と、どこかで思い込んでいます。

そのような**自信から、間違った応対をしてしまうことがある**のです。

お客様がすべてを話し終えないうちにその話をさえぎって

「あ、それは違うんです、こういうことなんですよ」

「いえいえ、使い方は説明書にきちんと書いてあります」

などと、お客様が間違えているという〝決めつけ〟で返してしまいます。

お客様の話の腰を折って、〝決めつけ〟で反論・否定するのはNGです。

まだ、話をすべて言い終えていないお客様としては

「これからそのことを言おうとしたのに……」

「そうではなく、ここのところを説明しようとしたのに……」

といった具合に、不快な気持ちになり、不信感を抱いてしまいます。

しかも、販売員が

「その使用方法はダメです」

「そんなことは申し上げていません」

「違います」

などと決めつけや断定した言い方をしてしまうと、お客様はすべてを否定されてしまったと感じてしまうのです。残念ながら、これでは誠意ある応対とはまったくかけ離れたものになってしまいます。

「間違いなどあるはずがない」という思い込みに注意

思い込み　わが社の商品は素晴らしいので
不良品などあるわけがない

↓

決めつけ　お客様の話の腰を折って
反論・否定するのはNG！

その使用方法はダメです

そんなことは申し上げていません

お客様、違います

↓

お客様はすべてを否定されてしまった
と感じてしまう

お客様対応タブー

4「犯人探し」をしてしまう

お客様は「目の前の自分のために動いてほしい」と思っている

明後日に使用したいので購入した商品が不良品だったことがわかりました。お客様は困っています。そのお客様からクレームのお申し出を受けたとします。お客様からの説明を丁寧に聴きます。

このお申し出でお客様が期待していることは、どちらでしょうか。

1 困っているのですぐに何とかしてほしい
2 なぜ不良品を販売したのか？　きちんと調査してほしい

さまざまな状況がありますから、一概にこちらだ、とは断定できないかもしれません。しかし、**多くの場合、❶困っている、すぐに何とかしてほしいと思っての申し出**であることは容易に想像できます。

❷の要素も少しは含んでいることもありますが、どちらを望んでいるかといえば❶がほとんどです。

にもかかわらず、❷の「原因究明」で対応してしまうケースは多々あります。

「申し訳ございませんでした。接客した者が誰だったのかを調べて、厳しく注意を与えます。指導もいたします」

「大変申し訳ございませんでした。このような間違いを起こすような販売員ではないのですが、今すぐに呼んで理由をたずねてみますので……」

お客様のお気持ちはこうでしょう。

「それは後にしてほしい。そんなことよりも（今あなたが対応している）私に対して、あなたは何をしてくれるの？」

クレームを受けた瞬間から、お互いの気持ちに大きなズレが出てしまっています。

これでは、スムーズなクレーム対応などできるはずはありません。

お客様は「自分のために動いてほしい」のに…

商品が不良品だった

対応者

クレームの
お申し出でパニック！

↓

なぜ不良品を販売したのか
原因究明せねば！

お客様

明後日に使いたいので
何とかしてほしい

↓

原因究明は後にして、
私のことを助けて！

お互いの気持ちに
大きなズレが
生じてしまっている

お客様対応タブー 5

新人や不慣れなことのせいにする

上司が口にしてはいけないNGワード

「申し訳ございません。接客させていただいた者が先月入社した新人だったもので、ご迷惑をおかけすることになってしまいました。厳しく指導させていただきます」

「大変失礼いたしました。まだ接客に慣れておらず、申し訳ございませんでした」

このような〝上司のおわび〟を耳にすることがあります。

こうした言葉から、お客様は何を感じるのでしょう。

「言い訳」「弁解」「自己弁護」「釈明」

これらに聞こえるようなおわびをしてしまうと、返された**お客様はとても見苦しい、聞き苦しいと感じ**、逆効果になってしまいます。

今回、お客様に何らかのご迷惑をかけてしまったわけです。

たしかに新人は不慣れなことが多く、お客様は「大丈夫かな、このスタッフ……」と不安を感じてしまうことがあります。接客してもらえば、すぐに新人だとわかってしまいます。

そもそも、お客様に迷惑をかけてしまうような、未熟な技術しか持ち合わせていない新人を、どうして接客という〝表舞台〟〝大舞台〟に一人で出すのでしょうか。どうして不慣れな新人に大切なお客様の対応を任せてしまうのでしょうか。

突き詰めていくと、**上司の指導不足・監督不足、会社の仕組みの問題**などからくるものだと考えられます。

完璧な接客ができるまで〝表舞台〟〝大舞台〟に出してはいけない、などというつもりはありません。要員不足の関係で、一日でも早く本番（接客）に慣れてもらいたい、と考えるのは無理のないことです。

そうであれば、素直にそのことをお客様におわびしないといけません。

「大変申し訳ございませんでした。私の指導不足でお客様にご迷惑をおかけしてしまいました。重ねておわび申し上げます」

「今回のことを契機に、販売員全員に私自身があらためて指導をいたします。申し訳ございませんでした」

上司からの、**責任は自分にあると明確に表現しているおわび**であれば、お客様の中にはご理解いただける人は少なからずいらっしゃるはずです。

前述したように、「言い訳」「弁解」「自己弁護」「釈明」に聞こえてしまうことに気づいていない上司をよく見かけます。

新人を〝表舞台〟に立たせなければならない状況下ですから、多少のトラブルは避けられません。そうであれば、せめてフォロー体制だけはきちんと整備しておきましょう。さもなければ、お客様の来店は減っていくことになるでしょう。

上司が口にしてはいけない「新人」のせい

接客させていただいた者が
先月入社した新人だったもので～

「自分のせいではない」と
上司が言い訳しているように聞こえる

私の指導不足で
お客様にご迷惑をおかけしてしまいました。
重ねておわび申し上げます

責任は自分にあると
明確に表現しているおわびをすべき

お客様対応タブー

6 理由や根拠を丁寧に伝える

感情が優位な状況で「頭で考える」のはむずかしい

「お気持ち対応」の場面では、応対者は原則、自分たちの主張はしません。聴き取りに集中します。

お客様のお申し出が間違っているのだから、こちらから説明して事実を明らかにし、理由や根拠を説明するのは当然のような気がしますが、なぜ避けなければいけないのでしょうか。

お申し出をされた数分間は、お客様の心は「思いを伝えたい（文句を言いたい）」という感情に支配された状態だからです。心の火が燃え盛っているときにこちらの正当性や理屈、根拠を説明しても、〝感情〟で跳ね返されてしまいます。**感情が優位な状況では「理屈や根拠の説明」をしても、まったく効果はありません。**

それどころか、「余計な一言」で燃え盛っているお客様のお怒りの火に油を注ぐことになってしまいます。

「お気持ち対応」の場面では、お客様に〝思う存分〟お話しいただくことが大原則であることは何度かお伝えしました。〝思う存分〟という意味は、お気持ちがおさまるまで十分に胸の内を吐き出していただくことです。

これは、お客様の感情を出し切り、気分を落ち着かせていただくための大切な時間です。いわば、**ご気分よく文句を言っていただく**のです。

お話をしたいだけ、し尽くしたと感じるまで、〝思う存分〟お話しいただけるように応対するのが「お気持ち対応」。お客様が思いを100％出し切ってゴールです。

応対者が理由や根拠を説明するタイミングは、「お気持ち対応」がスムーズに進み、お客様のお気持ちが鎮まってきてからになります。

しかし、鎮まったからといって、こちらにはミスはないからその説明をしようと〝立て板に水〟で、一方的に理由や根拠を伝えてしまうのは、せっかくここまで「お気持ち対応」を進めてきたことが台なしになってしまいますので要注意です。

理由や根拠がお怒りを再燃させる⁉

一方的にスラスラと理由や根拠を伝えてしまうと、
「いいですかお客様、わかっていないようなので今から説明しますけれど、結局、このような理由であなたが悪いのですよ！」
と翻訳されてお客様の耳に聞こえてしまい、せっかく鎮まったお怒りが再燃してしまいます。

時には、理由や根拠など伝えなくても、お客様が満足して解決することもあります。

つまり**「お客様に必ず理由や根拠を伝えなくてはいけない」というわけではありません。**

お客様のほうから「どうしてなの？　理由を説明してください」などと**ご要望があれば、わかりやすく、丁寧に、具体的に伝えればよい**のです。その結果、ご満足いただけた、というケースは山ほどあります。

一方、「これはちゃんと説明しなくてはお客様のお気持ちがおさまらない」と応対者が感じたのであれば、お客様のお気持ちが落ち着いたと感じたときに、わかりやすく具体的に説明すればよいのです。

説明の仕方については、後ほど詳しくお伝えします。

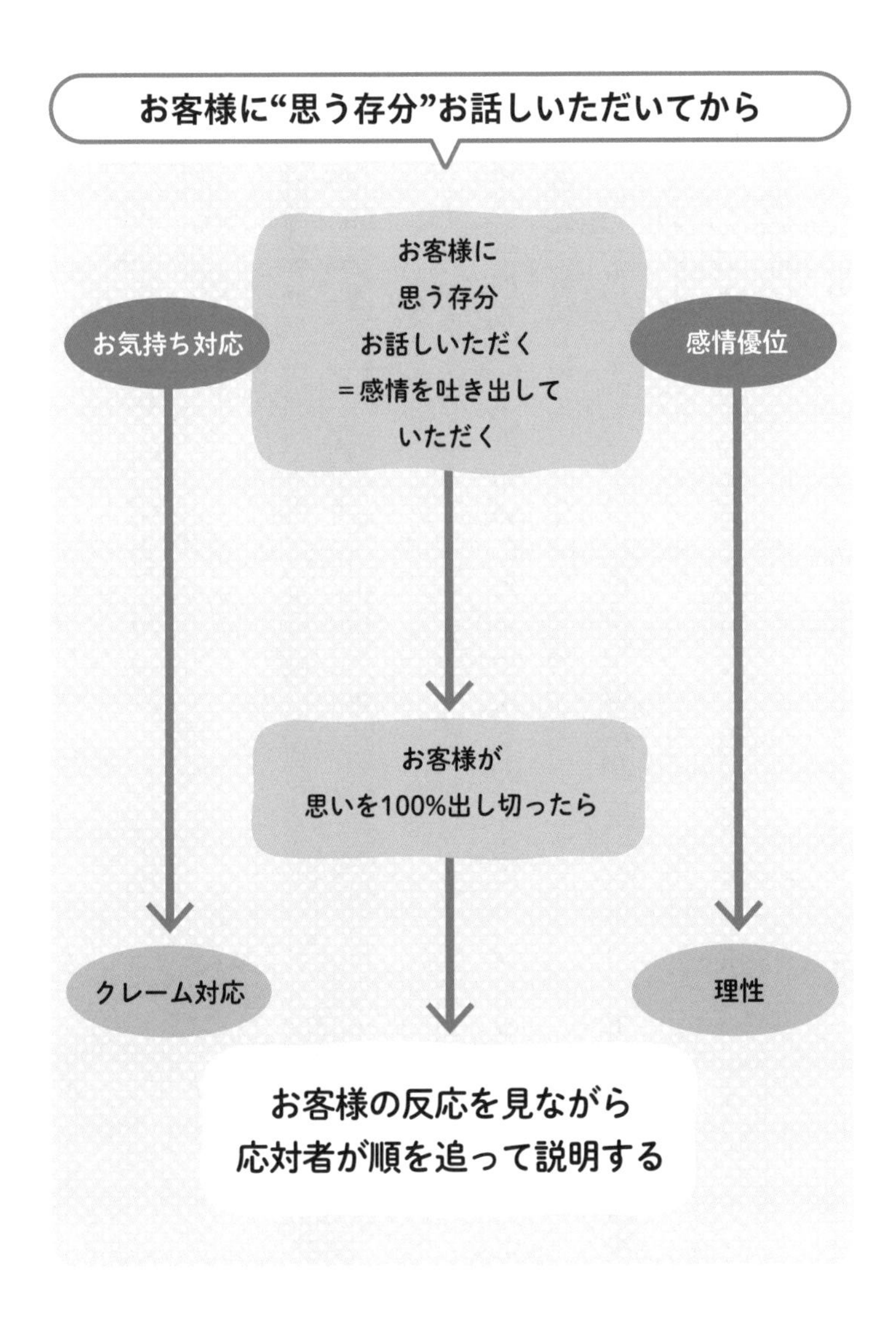
お客様に“思う存分”お話しいただいてから
お気持ち対応
お客様に
思う存分
お話しいただく
＝感情を吐き出して
いただく
感情優位
お客様が
思いを100%出し切ったら
クレーム対応
理性
お客様の反応を見ながら
応対者が順を追って説明する

お客様対応タブー

7

お客様に恥をかかせてしまう

お客様は、絶対的な期待と信頼を寄せている

クレームのお申し出をするときに、お客様は**「自分は正しい」「正しいことを伝えるのだから、ショップの従業員には正確に伝えないといけない」**と信じ切っています。

さらに、**「こんなひどい目に遭ったのだから、ショップでは必ず誠意を持って対応してくれるはずだ」**とも思い込んでいます。

このように絶対的な期待と信頼を寄せているお客様に恥をかかせてしまったら、どのような結果になるでしょうか。

クレームの解決からは大きくかけ離れてしまうのは容易に想像できるでしょう。

「いやあ、私たちは長年接客業に携わっているんですよ。お客様に恥をかかせるなんて、そんな応対をするはずはありませんよ」

と、ベテランの方々は思っているかもしれません。ところが、**自分では意識しないまま、お客様に恥をかかせてしまうことは多々あります。**

例えば「購入したロースカツの数が、レシートの記載と違っている」とのお申し出があったとします。

お客様がご持参したレシートを見せていただくと、ほかの店舗で購入したものでした。応対者は冷静に、落ち着いた雰囲気で回答してしまいます。

「お客様、これはウチではないですよ、●●屋のレシートですよ……。●●屋のことをウチに言われても……」

ほかにも、

「お客様、電池を入れましたか？　これは電池を入れないと動かないのですよ」

「その商品は、いつも午前中に売り切れてしまうんですよ。買いたいのなら昼までに来てもらわないとねぇ……」

悪気なく正直に回答すると大炎上する

お申し出を受けた応対者は悪気などまったくありません。正直に回答をしただけです。

ところがお客様は「バカにされた」「おちょくられた」と感じてしまいます。その結果、「何だ、その言い方は！」「その態度は何だ！」とばかりに炎上してしまうのです。こうなるとクレームの内容も変わってしまいます。

解決できるかどうかはさておき、まずはお客様のお申し出を十分聴き取り、お気持ちに寄り添いながら受けとめます。お客様は、胸の内やストレスを思う存分吐き出すことで、怒りのお気持ちが鎮まってくるはずです。

鎮まったこの時点から「クレーム対応」は始まるのです。

悪気なく正直に回答したら大炎上！

お客様に恥をかかせない
ことが大事！

お客様対応タブー 8

お客様と議論してしまう

お客様との議論や言い争いがもたらすもの

お客様のお話を十分聴き取る、お気持ちを受けとめる、さらにはお客様に恥をかかせるようなことは意識・無意識を問わず一切しない、などの誠意ある応対をしたとしても、**お客様の中には簡単には引き下がらない人はいます。**

何やかやとご自分の知識をひけらかして意見を述べ、応対者をやり込めよう、論破してやろう、という〝議論好き・理屈好き〟の人はいるものです。

「そのような理屈を言ってくるならこちらだって……」

応対者の中には自信満々で〝応戦〟してしまう人もいます。

すると、お客様と応対者の知識と意地がぶつかってしまい、議論や言い争いになります。やがて、どちらかが論破されるか、どちらも引かずに平行線という**最悪の結果に……**。何としても、**これだけは避けたい**ところです。

仮に、議論が平行線になったとします。どちらも引きません。お互いに自分が正しいと思っているので決着がつきません。長時間、主張し合っていますので、お互いに悪感情ばかりが募ってしまいます。これでは**いつまでたっても解決しません**。

〝勝ち負け〟という表現は適切ではありませんが、わかりやすいので使用します。

仮にお客様が議論に〝勝った〟とします。お客様は、ご自分の主張が正しいことに自信を持っていますから、長時間にわたって間違いを認めずに〝屁理屈〟を主張していた応対者について「とんでもない販売員だ！」と憤慨するはずです。

ショップや企業側にミスがあったのに素直に認めずに強弁してきた、どういう指導をしているんだ、とばかりに憤りは大きくなるはずです。場合によっては社会問題になってしまう可能性もあります。

仮に、応対者が〝勝った〟とします。

お客様は大きな恥をかいてしまうことになります。お客様の心には、応対者の勝ち誇ったかのような姿が……。まるで「ほら、私の主張のほうが正しいでしょう。私の言った通りじゃないですか」と非難されているかのように浮かんできます。

しかも、応対者に論破され、大恥をかいてしまったのです。

お客様の心に植え付けられてしまったのは嫌な感情だけです。

「こんな店では二度と買物しないぞ！」と、心の中で固く誓っているはずです。

それだけではありません、家族や知り合いに〝悪口〟を言いふらすに違いありません。しかも多少の〝嘘〟が入って、大げさに伝わります。中にはＳＮＳや口コミサイトのレビュー欄に悪評を書いてうっぷんを晴らすお客様も……。

「あの店はひどい店だよ……。こんなことがあってね……」

つまりお客様と議論して良いことなど、一つもないのです。

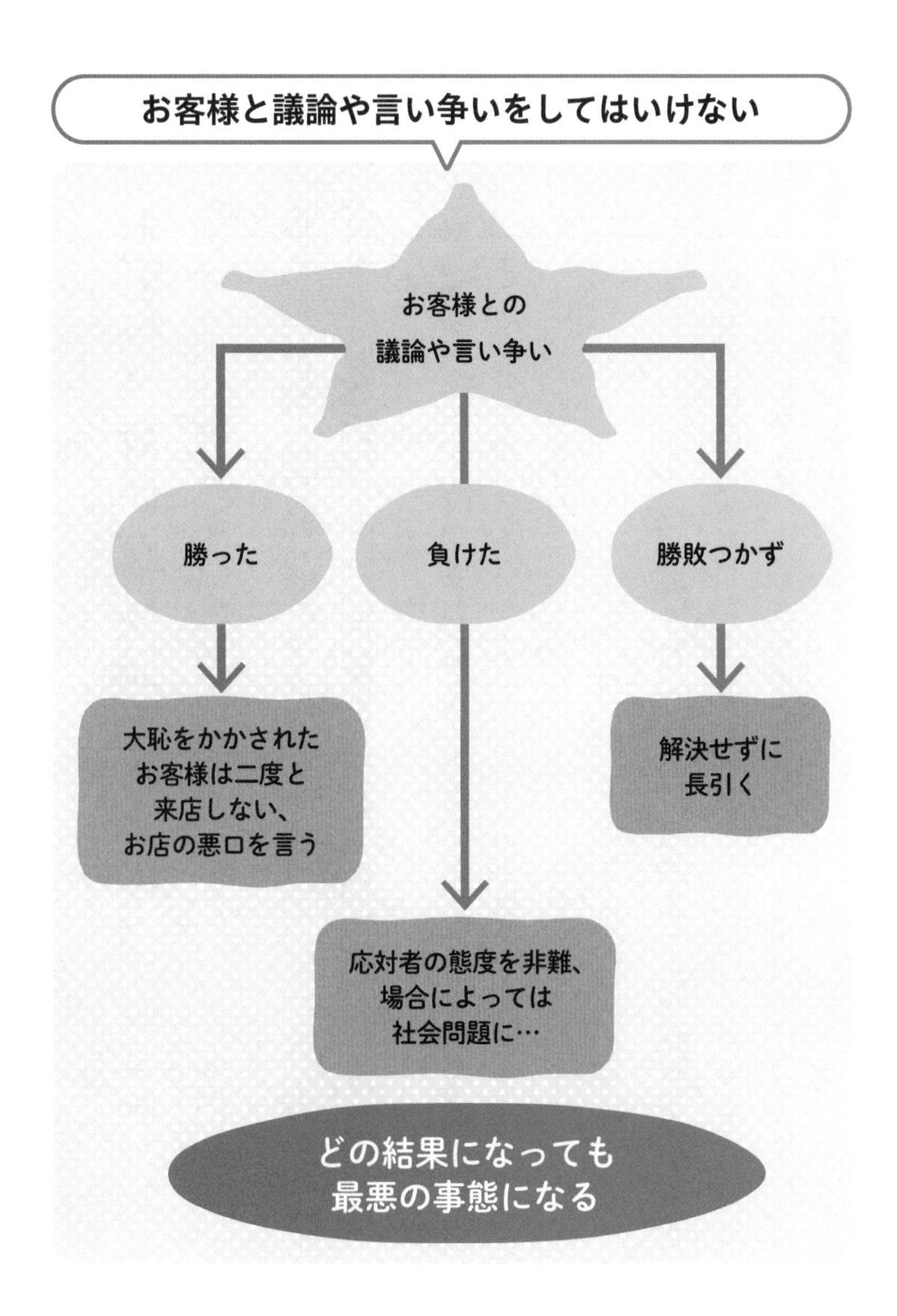
お客様と議論や言い争いをしてはいけない
お客様との
議論や言い争い
勝った
負けた
勝敗つかず
大恥をかかされた
お客様は二度と
来店しない、
お店の悪口を言う
解決せずに
長引く
応対者の態度を非難、
場合によっては
社会問題に…
どの結果になっても
最悪の事態になる

お客様対応タブー 9

お客様の言いなりになる

無理難題や理不尽なことを言われたら……

『お気持ち対応』なんかして簡単に謝罪してしまったら、あとはお客様の言いなりになってしまうだけだ」と考える人もいます。皆さんの上司も、この本を読むまでは勘違いしていたかもしれません。

ご説明した通り、**「クレーム対応」と「お気持ち対応」の目的は違います。**

まずは「お気持ち対応」で真摯にお客様と向き合います。いくら真摯に応じても、お客様が相変わらず無理難題・理不尽なことを言ってくる場合には、**すぐに「クレーム対応」にギアを変えます。**

ギアを変えたら、企業の言い分、正当性を堂々と主張しましょう。もちろん「お客様をやっつけたり、ケンカしたりしなさい」とすすめているわけではありません。〝正当性を堂々と〟、といっても、〝相手〟に対してあくまでも口調は〝ソフトに・丁寧に・丁重に〟、淡々と接すればよいのです。

「お気持ち対応」で応じても、引き続き無理難題・理不尽なことを要求してくる相手は、**その時点で〝お客様〟として認識する必要はなくなります。**〝お客様〟ではない相手に〝お客様対応〟する必要はありませんが、そうはいっても〝ソフトに・丁寧に・丁重に〟を徹底することは言うまでもありません。

「申し訳ございません、ご要望に応じることはできません」

「何度も申し上げますが、私どもでは応対できかねます」

とソフトに、丁寧に、丁重に返すのです。

その後も変わらず、相手が同じことを何度も要求してきた場合でも

「申し訳ございません。応じかねます」

と返します。

最終的には〝ブロークンレコード〟を使う

お客様が

「あんたではダメだ、責任者を呼びなさい」

と言い出しても

「申し訳ございません。応じかねます」


と返すのです。

「そうではない、責任者を呼べといっているんだ！ わからないのか！」

と相手が執拗に言ってきたとしても、こちらも淡々と誠実に、何度も繰り返すだけでよいのです。


「申し訳ございません。応じかねます」


この手法は**〝ブロークンレコード〟**と呼ばれています。

〝ブロークンレコード（Broken Record）〟とは、心理学用語で、溝にキズができてしまった古いレコードが同じ箇所ばかりを何度も何度も歌ったり演奏したりする様子から、同じことを何度も繰り返すことを意味します。

ただし、この〝ブロークンレコード〟はかなり強烈な対応で、相手を刺激する対応になりますので、これを活用する際は、「こういう場合に使用する」と、事前に社内でルールを作っておく必要があります。

特に上司や責任者にあたる人は、事前に〝ブロークンレコード〟について知っている必要があります。

「お前のところではスタッフにはどういう教育をしているんだ！　質問しても『応じられない』という返事を繰り返すだけではないか！　いったいどうなっているんだ」

このように、執拗な相手が、いったん引き下がってから上司に電話をしてくる場合があるからです。

ルールがあれば、このような執拗なクレームにも、上司や責任者は冷静に対応できるでしょう。

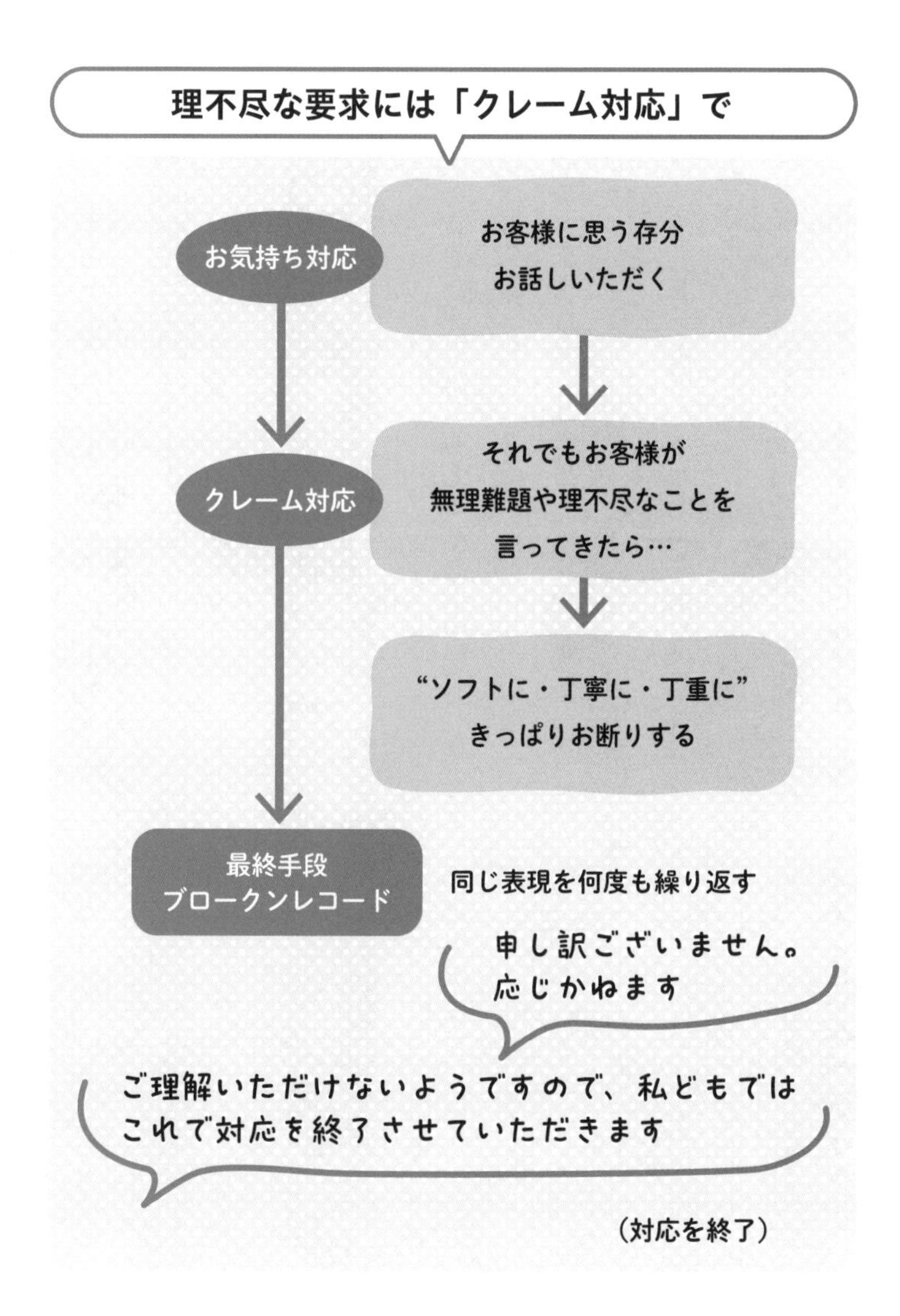
理不尽な要求には「クレーム対応」で
お気持ち対応
お客様に思う存分
お話しいただく
それでもお客様が
無理難題や理不尽なことを
言ってきたら…
クレーム対応
“ソフトに・丁寧に・丁重に”
きっぱりお断りする
最終手段
ブロークンレコード
同じ表現を何度も繰り返す
申し訳ございません。
応じかねます
ご理解いただけないようですので、私どもでは
これで対応を終了させていただきます
（対応を終了）

お客様から依頼がないのに、「先回り」する

二人以上の「お客様」が関わるケースでミスがあった場合

最後の「タブー」は、少しややこしいので、一つずつ説明します。

今回のケースは、「お客様」が二人います。
一人は、プレゼントを買いにいらした〝ご依頼主〟様のAさんで、もう一人はプレゼントを受け取られる〝お届け先〟様のBさんです。

このように**二人以上の「お客様」が関わるケースでミスがあった場合は、勝手に判断せずに、まずは〝お届け先〟様に確認する必要があります。**

具体例をあげましょう。

〝ご依頼主〟様のAさんはBさん（〝お届け先〟様）にプレゼントをしたいのでショップで商品を配送してもらいました。

しかし、このようなとき、ごくたまに次のようなトラブルが発生することがあります。

〝お届け先〟様Bさんが、送られてきた商品（プレゼント）の包装紙を開けてみたら……

- **商品が割れている**
- **数が足りない**
- **掛け紙の名前が違っている**

など、ショップ側が何らかのミスをしてしまったとします。

これは時々起こるトラブルです。

ほとんどの場合、〝お届け先〟様Bさんがショップに連絡を入れて、事情を説明します。

〝お届け先〟様への対応の後は……

事情を伺ったショップ側は、すぐに次の善後策をとります。

- **割れていれば新しい物に交換する**
- **不足しているなら補充する**
- **掛け紙の名前が違っていたら、正しい掛け紙を作成し、正しい名前で急いで〝お届け先〟様Bさんにお届けする**

ショップがすみやかに対応したからといって許してくださる〝お届け先〟様ばかりとは限りません。

多くの場合、ショップの責任者などが菓子折を持ってご自宅を訪問し、平身低頭、丁重におわびして何とかご理解をいただきます。

仮にお許しをいただいたとしても、問題が解決したわけではありません。ショップでは、まだまだやることがあります。

ショップのミスで〝お届け先〟様Bさんにご迷惑をかけてしまったわけですから、**ショップ側から〝ご依頼主〟様であるAさんにも報告しないわけにはいきません。**

「どうせ〝ご依頼主〟様Aさんはわからないだろう」とか「急ぎ〝お届け先〟様Bさんの対応をして、Aさんへのご報告は少し様子を見てからでいいや」といった判断はNGです。

〝お届け先〟様から〝ご依頼主〟様にプレゼントのお礼の連絡を入れたときに、今回のミスについて伝えたことで発覚するケースがほとんどです。

「きちんとプレゼントが届いていると思ったら、そんな失礼なことになっていたの

か！　なぜショップから私に一言もないんだ！」（〝ご依頼主〟様Aさん）

〝ご依頼主〟様に、どうお伝えすればよいか

「後でいいや」と思ったときに限って、〝ご依頼主〟様Aさんがミスのことを知ってしまい、ショップに大クレームを入れる、といったことはよくあります。

ショップの対応が後手後手になってしまえば〝ご依頼主〟様Aさんのみならず、事情を知った〝お届け先〟様Bさんからも厳しいお叱りを受けることになるでしょうし、信用は丸つぶれです。

では**〝ご依頼主〟様Aさんには、ミスがあったことをどのようにお伝えすればいいのでしょうか。**

事実を隠してしまうのは一番やってはいけないことです。ミスをしてしまったことは取り返しがつかないものの、経緯の報告とその後の対応については、〝お届け先〟様Bさんと〝ご依頼主〟様Aさんのご両者に対して、誠意を持っておこなうべきです。

その際に気をつけることは**連絡する順番**です。ミスのご指摘を最初にいただいた**〝お届け先〟様Bさんに、最初にご了承いただかなくてはならない**ということです。

勝手に先回りして〝ご依頼主〟様Aさんに事情を説明してはいけません。なぜなら、Bさんが「Aさんには何も言わないでほしい」とおっしゃる可能性があるからです。〝お届け先〟様Bさんから「私は黙っていますから、そんな些細なことで〝ご依頼主〟様Aさんに報告をしないでください。もう解決したことですし、Aさんの（プレゼントという）せっかくのご厚意に傷をつけてしまいます。私もこんなことくらいで怒っているのかと思われるのは嫌ですから、これ以上何も伝えないでください」

こんなふうに言われてしまうことがあるのです。

〝お届け先〟様と〝ご依頼主〟様、どちらを尊重すべきか

もし、ショップ側が〝お届け先〟様Bさんの了承を得ずに、あわてて〝ご依頼主〟様Aさんに事情を説明して謝罪したとしたら、**「プレゼントをくださったAさんのご厚意に傷をつけたくない」という〝お届け先〟様Bさんの思いが踏みにじられた**と、Bさんからクレームがくるかもしれません。

一方で、〝お届け先〟様Bさんから「黙っていてほしい」という強いご意向があったものの、何かの理由で〝ご依頼主〟様Aさんが今回のミスを知ってしまったときは……。残念ながら、**これはこれで、最悪の状況になります。**

どちらを立てればいいものか、このようなケースは判断に困ります。

ショップ側が「(Aさんに事情をお伝えしなかったのは)〝お届け先〟様Bさんからのご意向だったのです」などと〝ご依頼主〟様Aさんに伝えようものなら、

「依頼したのは私（Aさん）だぞ。先方から指示があったからといって私に報告しないなんておかしいだろう、言い訳するな！」と、さらにお怒りになります。

悪いことは続くもので、〝ご依頼主〟様Aさんと〝お届け先〟様Bさんの関係も悪くなってしまった、ということもあるのです。

では、〝お届け先〟様Bさんから「ノー」と言われたら、ショップはどのように対応すればよいのでしょうか。

〝ご依頼主〟様Aさんに言わないように、という状況になってしまったら、**もはや運を天に任せるしかありません**。個人個人、考え方が違いますから、同じ対応をしても、反応は人それぞれです。

いずれにせよ、勝手に判断しない

事情を理解して許してくれる人もいれば、許してくれない人もいる、

ということです。誰も先は読めません。

一度「ノー」と〝お届け先〟様Bさんから断られたとしても、

「やはり今回はご迷惑をおかけしてしまいましたので、〝ご依頼主〟様Aさんにおわびさせていただきたく存じますがいかがでしょうか？」

とBさんに再度お願いしましょう。

それでも〝お届け先〟様Bさんが首を縦に振らない場合は、いったん保留にして何もせずに静かにしていることをおすすめします。仮に、1カ月後に何か反応があれば、それに応じて、誠意を持って対応しましょう。

念のために申し上げますが、これ以降は何も対応をしないわけではありません。まして

やお金で解決してしまおう、と考えることでもありません。そんなことをしたら、結果は最悪になってしまうでしょう。

〝ご依頼主〟様Aさんと〝お届け先〟様Bさん、**双方の顔を立てる対応というのは、とても繊細かつむずかしいもの**です。

「急いで対応するのがよいだろう」などと勝手に判断して先回りしないよう、気をつけましょう。

column

「条件付き回答」をしてはいけない

お客様から「不良品ではないか」とご連絡いただき、新品と交換することに……。

このようなケースはよくあります。しかし、スタッフの人数が少ないというショップの事情で「こちらからお届けします」と明言できないことも多々あります。

そこで言ってしまいがちなのが、

「ショップにご持参いただければお取り替えします」

「ご都合のよろしいときにお持ちいただければ、新品に交換いたします」

のような**「条件付き」（……いただければ○○いたします）の回答**です。

これは**絶対にNG**です。

お客様は不良品を購入し困っています。

それにもかかわらず「ショップに来てほしい。そうすれば交換する」と言われたら、お客様は「不良品を販売しておいて、何だ、その言い草は！」とお怒りになります。

このようなケースは、商品をお渡しする際にショップのスタッフが十分な点検をしなかったことでお客様にご迷惑をおかけしてしまった、いわば「ショップ側のミス」であることがほとんどです。

つまり、そのミスを何とか挽回しなければいけない場面にもかかわらず、「条件付き回答」をしてしまった、というケースです。**これ以上はお客様にご負担をおかけしてはいけないという意識や誠意がまったく感じられない**対応です。

まずは素直にミスをおわびします。そして交換したいというご要望があるのですから、ショップで汗をかいて、何とかしてお客様に交換品をお届けしないといけません。本来なら責任者に相談しないといけない案件です。

ミスを起こさないように徹底したとしても、どうしてもミスは起きるものです。発生しそうなミスについては、あらかじめどのように対応するとよいか、手順を決めておくことが大切です。

第3章

正しい〝お怒り対応〟とは？
6つの「OK対応」

どのように「聴く」のか、何と言っておわびをすればいいのか、最後にお客様に何とお伝えすればいいのか、より具体的なテクニックについて順を追って説明します。読めば「ただ謝罪をすればいいわけではない」ことも理解できるでしょう。

お客様のお話を詳しく〝聴く〟

入荷は「4日後」か「8日後」か

いきなり事実確認するのはタブーであることは、第2章でお伝えしました。

事実を確認することよりも、お客様がどのようなお気持ちでお申し出をされているのか、**丁寧に聴き取る**ことが「お気持ち対応」ではとても大切です。

お客様がクレームのお申し出のため来店され「4日後に入荷できる」と言っていたじゃないか、約束が違う！」とおっしゃってきたとします。

事実確認をすると、店のスタッフが「8日後」とお伝えしたのを、お客様が「4日後」と聞き違えていたことがわかりました。

このような**聞き違いは実際によくあること**です。

しかし、お客様が聞き違えしていたという思い込みのまま正直に伝えるのではなく、そのときの**お客様のお気持ちを意識しながら言い分をしっかり聴き直す**ことがファーストステップとして必要です。

・いつ、どこで、誰が、何と言って対応したのかではありません。

・お客様はどのようなお気持ちでおっしゃっているのかに意識を向けるのです。

今は、犯人探しをするときではありません。

「私は全力を尽くしてお客様のご不安なお気持ちを解消したいと思っています。そのためにも、まずは状況を詳しくお伺いできますでしょうか？」

口に出すことではありませんが、お客様への思いを十分に込めて、あらためて聴くことがポイントです。

“制限つき”のおわびをする

「さようでございますか。弊社の山田が、4日後の本日中に届くとお伝えしていたということですね。それなのにまだ届いていないということですね。ご心配をおかけして、誠に申し訳ございませんでした」

真偽のほどはさておき、今の時点でお客様は「届いていない」と不安を感じているのです。そのお客様の不安に寄り添い、おわびの言葉をお伝えすることが先決です。

その上で、注文伝票を調べて**さりげなく「8日後」であることを説明する**のです。

「お待たせいたしました。今、お調べしたところ、私どもの伝票の控えに『8日後』と記されているようですが……。おそらく、販売員の山田の発音がわかりにくく、『よっか』と聞こえるような発音になっていたのかもしれません。申し訳ございませんでした」

このときのおわびは、

・**不明瞭な発音になっていたのかもしれない（「発音だった」と認めたわけではありません）こと**

についての**〝制限つき〟のおわび**です。

不明瞭な発音になっていたのかもしれないという伝え方は、あくまでもお客様に「恥をかかせない」という原則を守るための〝方便〟であり、担当者が確実にミスをしたことを〝認める〟おわびではないことはおわかりでしょう。

しっかりお客様の言い分に耳を傾けた上で説明すれば、ほとんどの場合、「なんだ、そうだったのか」と納得されます。

ところが、お客様のお考えや思いを聴かずに結論だけを伝えてしまうと、「ショップのミスなのに、責任を私に負わせてひどい！」と怒りは倍増します。

「お客様のお話を詳しく聴く」とは

お客様の怒りが倍増してしまうと、その後の話し合いは混迷を極めます。言った・言わない、誰が悪い、嘘をついている、だまされた……。態度が悪い、不愉快だ、などなど、本筋から離れた話も出てくるでしょう。

そしてお客様の感情はエスカレートし、

「責任者を出せ！」「謝罪しろ！」

と本当のクレームにつながってしまいます。

こうなってしまうと、いくら丁重におわびしても怒りはおさまりません。こうなってからでは遅いのです。

お客様のお話を詳しく聴くとは、

口に出すことではありませんが、「私（ショップのスタッフ）は、お客様のことを疑っているのではありません。少しでもお客様のためになるように動きたいと思っています。ですから、できるだけ詳しくお話を聴かせていただけますでしょうか。私はお客様の味方なのです」という姿勢を示す行為でもあります。

一見遠回りで時間のかかる行為に思えるかもしれませんが、「お気持ち対応」ではこの**〝ひと手間〟をかけることが逆に早い解決につながる**のです。

“制限つき”のおわびをする

OK対応 2 受けとめる（同意ではない）

「マズローの欲求5段階説」で考える

アブラハム・H・マズローというアメリカの心理学者の名前を聞いたことがある人は多いと思います。〝マズローの欲求5段階説〟を提唱したことでも有名です。

マズローの欲求5段階説では、人間の本能について語られています。その一つに〝承認欲求〟があります。

人は誰でも「認めてもらいたい」「承認してもらいたい」という欲求を持っている、というものです。

そうはいっても、他人に「認めてもらいたい」と表立って声に出す人はほとんどいません。しかし、心の奥深くで無意識のうちに、人は**誰でも・いつでもこの欲**

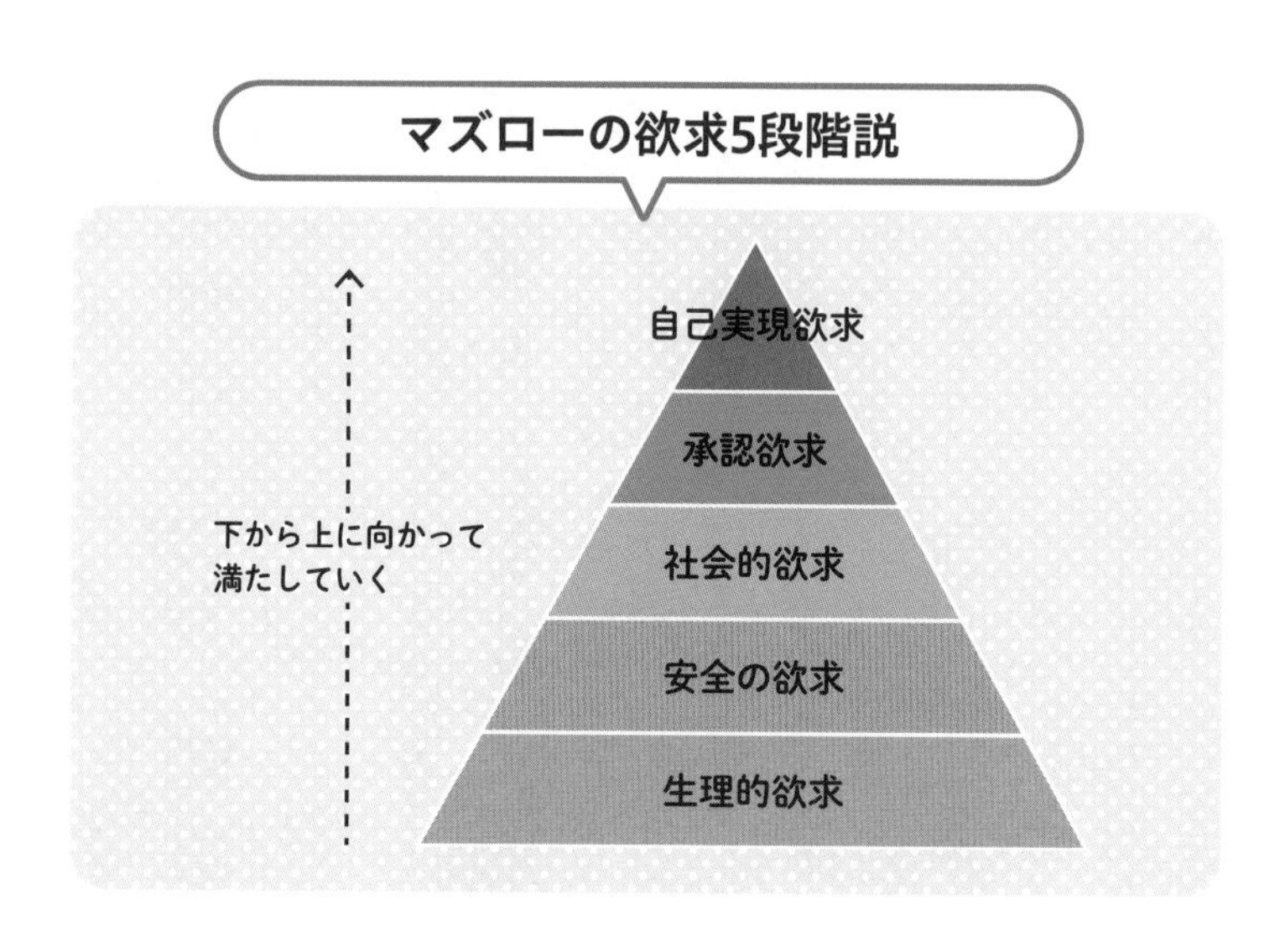

求を持っています。皆さんも経験があると思いますが、「わかってもらえた」と感じることは、とても気分がよいものです。

「話が通じた」も同じです。自分の気持ちを相手に伝えて、理解してもらえたときはホッとして満足感を味わいます。承認欲求が満たされたからです。

お客様の承認欲求を満たして差し上げる、というスキルは「お気持ち対応」では特に効果的です。

「一つ文句を言ってやろう」というお客様の心の中には、たくさんの怒りや不満の感情が渦巻いています。その心理状態の一つに、心の中で渦巻いている〝不満感情〟を吐露したい、というものがあります。

だからこそ、お客様の**〝不満感情〟を表に出していただくことがとても重要**なのです。

「お客様、私はお客様のおっしゃることに耳を傾けて聴こうとしていますよ」

「お客様がどうして怒りやくやしさを感じているのかを、漏れなく聴き取ろうとしているのですよ」

「お話の邪魔などしませんので、思う存分、お好きなだけお話しください」

という姿勢で応対者が臨めばよいのです。

すなわち、お客様のお気持ちに寄り添いながら、おっしゃることすべてを受けとめようという姿勢で臨むことなのです。そのような姿勢を応対者がしようとすると、お客様はそれを感じ取って、思う存分、好きなだけお気持ちを吐露することができるようになるのです。

話し終えたときのお客様の心の中は、満足感・充足感に満ちているはずです。

「お客様のお気持ちに寄り添う」とは？

ネガティブな感情

不安

いら立ち

怒り

悲しみ

お客様の“不満感情”を
表に出していただくことが重要

お気持ち対応

お客様、私はお客様のおっしゃることに
耳を傾けて聴こうとしていますよ

わかってもらえた

OK対応
3

4つの「聴き取りスキル」を使う

代表的な4つの「聴き取りスキル」

先ほど説明しましたが、「お気持ち対応」は、お申し出のお客様のお気持ちを鎮めることを最優先します。

そのためには、次の**4つの「聴き取りスキル」**を身につけましょう。

スキルとかテクニックと書いてしまうと、いかにも表面的で人を操作するような方法に聞こえてしまいますが、そうではありません。

「スキルを使えば……」という安易な発想をしてしまうと、すぐにお客様に見透かされてしまいます。

応対者がこのお客様のおっしゃることに対して

「聴き取ろう」

「お気持ちに寄り添ってみよう」

という心からの気持ちで応じることが肝心です。

ここでは、便宜上〝スキル〟という言葉を使用しますが、表面的な軽い意味ではありません。ぜひとも真意をご理解ください。

「聴き取りスキル」にはさまざまなものがありますが、代表的な**「聴き取りスキル」**は次の４つです。

❶ うなずき
❷ 相づち
❸ 繰り返し
❹ 質問

相手が話していることを、「わかっています、ちゃんと聴いています」と、応対者の意思を非言語で表現するのが❶**うなずき**です。

こっくりと、**顔を上下にゆっくり動かします。**下手な言葉よりも圧倒的に効果があります。

お客様の「不安感」はこれで激減する

❶**うなずき**と同じ効果を出すのが、❷**相づち**です。

うなずくタイミングで、次のように返します。

「そうだったんですか」

「そんなことが……」

とごく短い言葉で返します。わずかでも構いませんので、応対者が**表情豊かに返すと効果はさらに高まります。**

❸繰り返しは、お客様がお話しされたことを同じように繰り返すのです。

同じ言葉を繰り返すことをおすすめしますが、何回かに1回は、**同じ意味の別の言葉に置き換えて繰り返す**という応用編を活用すると、さらに会話がはずみます。

〈お客様〉「あなたのところで買った30万円の本真珠の指輪をあらためて自宅で見直したのよ。そしたら何と小さなキズがあるじゃないの」

〈販売員〉**「私どもでお買い上げいただいた30万円の本真珠の指輪を、あらためてご自宅でご覧になったら、小さなキズがあったということですね」**

〈お客様〉「そうなのよ。主人も確認してくれて、『こんなに高い買物をしたのにキズ物を買わされたんじゃないのか？』って言っているのよ。交換してもらいなさいって」

〈販売員〉**「ご主人様もご覧になり、キズ物を買わされたのではないか、交換してもらうようにとおっしゃっているのですね」**

お申し出をするときのお客様は、「疑われたり、反論されたりしたらどうしよう」と不安を感じているものです。

しかし、お客様がお話しされた言葉と同じ言葉が繰り返されて戻ってきたのですから、**「間違いなく伝わった」と不安は激減**します。「話したことをきちんと理解してもらってよかった」と感じることができるからです。

「お客様のお話に興味・関心がある」ことを示す

最後は❹**質問**です。

質問するのは、「お客様のお話に興味や関心があります。私が理解できなかったところを質問させてください」というニュアンスをお客様に伝えることを意味します。

つまり、お客様のお申し出に強い興味・関心を持っているという意思表示となります。

お客様に、

「その後どうなったのですか？」

「先ほどのところがよくわからないので教えていただけますか」

と質問すると、

お客様は「応対者が興味・関心を持っている」と感じて、興に乗ってさらに詳しいお話をしてくださるようになるのです。

このような効果があるからこそ、質問するのです。

つまらない話、どうでもいい話には誰も質問などしません。下手に質問をしてしまうと、相手は、興味を持ってもらえていると勘違いして、さらに話を続けてしまうからです。わかりやすい例をあげると、上司の説教の内容にわからないことがあったとしても部下は質問などしません。お説教が長くなるのを避けるためです。

お客様に質問すると、対応時間がどんどん長くなるのではないかと不安に思うかもしれませんが、実は、**質問することでトータルの対応時間は短くなる**ことがほとんどです。

なぜなら「自分の言いたいことをすべて話せたし、お店の人にも理解してもらえたから、もう十分」と、**お客様が一方的に話すことで満足する**ケースがよくあるからです。

4つの「聴き取りスキル」を駆使して、お客様のお話を丁寧に聴き取りましょう。

代表的な4つの「聴き取り」スキル

①うなずき

顔を上下にこっくりと
動かす

②相づち

うなずくタイミングで、
「そうだったんですか」
「そんなことが…」と
ごく短い言葉で返す

③繰り返し

<基本>
お客様がお話しされたことを
同じように繰り返す
<応用>
何回かに1回は、同じ意味の別の
言葉に置き換えて繰り返す

④質問

お客様のお申し出に
強い興味・関心を
持っているという
意思表示

その後どうなったのですか？

OK対応 4 要約する（お客様に確認する）

最後に「要約」（確認作業）をおこなう

4つの「聴き取りスキル」をフル活用しながらお客様のお申し出の内容を伺っていると、数分後にはお客様に変化が見えるようになります。表情や言葉のトーンから、お客様が、思う存分、すべてを言い尽くしたと思えるような状態になったときです。

ご気分よく、ありのままにお話ししていただけたのです。

しかし応対者の**「聴き取りスキル」はこれで終わりではありません。**

「聴き取りスキル」には5つ目があります。

もっとも大事な❺**要約**をしないといけません。

うなずき、相づち、繰り返し、質問など4つの「聴き取りスキル」を駆使したことでお客様はすべてを言い尽くし、お気持ちまでも吐露できたようです。

お客様はとても満足しているはずです。

この時点で、❺**要約**という**確認作業**をして、**初期対応は終わりを迎える**のです。

「お客様、貴重なお申し出をありがとうございました。そうしますと、昨日お買い上げいただいた30万円の本真珠の指輪に小さなキズがあるということですね。ご主人様もご覧になり、できれば交換してもらったほうがよい、とおっしゃっているのですね。かしこまりました。それでは……」

となるのです。

もちろん、要約したところお客様から
「そうではないのよ、『できれば交換してもらったほうがよい』なんて主人は言っていないわよ。『できれば……』ではなく、『キズ物だったことの説明を十分してもらって交換してきなさい』と、とても憤慨していましたよ」
と返ってくるかもしれません。
そのときは

「聞き間違いをしてしまい失礼いたしました。
ご主人様は、『できれば……』ではなく、
『説明をしてもらい交換してもらいなさい』
とおっしゃったのですね。
お怒りすら感じていらっしゃるのですね。
申し訳ございませんでした」

と修正すればよいのです。

❺要約が無事に終われば、ショップや企業は、お客様がおっしゃりたいことをすべて収集できたことになります。

お申し出のお客様だけでなく、ご主人様のお気持ちまで聴き取れたことになり、今回の**お申し出の全体像を把握**できたといえます。

お客様はというと、

「この販売員は私の言いたいことを全部聴いてくれた。内容の理解だけでなく、私の気持ちまでわかってくれたようだ。この販売員に申し出て本当によかった。思う存分、気持ちよく〝言いたいこと〟を言えた」

とあらためて感じているはずです。

初期対応の最後におこなうのが「要約」

聴き取りスキルの5つ目＝要約
お客様の話されたことをまとめる

お気持ち対応

お客様、貴重なお申し出をありがとうございました。
そうしますと、昨日お買い上げいただいた
30万円の本真珠の指輪に小さなキズがある
ということですね。
ご主人様もご覧になり、
できれば交換してもらったほうがよい、
とおっしゃっているのですね。
かしこまりました。それでは…

要約

お申し出の全体像が
把握できた

思う存分、
“言いたいこと”を
言えた

クレーム対応へ

OK対応 5

お預かりする（調べる）

「真実」を慎重に精査するには

お客様が「キズのある高額商品を買わされた」と思っているとします。

ショップや企業としては、「お客様のお申し出に嘘はないとみなす」ことが前提ではありますが、聴いてみると、やはりその内容は、お客様の一方的な言い分でしかありません。勘違いしているかもしれませんし、誤解があるかもしれません。

お申し出の時点で「内容すべては真実だ」と信じてしまう必要はありません。今の時点では、真実はわかっていないのですから……。

わかっていないのに、**今の時点で真実だと思い込んで結論を出してしまうことは、あまりにも危険**です。

調べないとわからないことはたくさんあり、慎重かつ正確に調べないと真実を見極めることはできません。

お客様の言い分と、ショップ・企業が調べてみた結果をつき合わせ、事実を調べていくことで初めてその案件の真実が判明します。慎重に調べても、一部しか判明できないこともあるかもしれません。

いずれにしても、慎重に正確に調べないと、真実はどこにあるのかは見つけられませんし、その原因すらわからないままになってしまいます。

社内で慎重に正確に調べるためには、**お申し出の商品をお預かりしないといけません。** そのことをお客様にお伝えします。

「お客様、恐れ入りますが、ご都合のよろしいときにご来店いただいてもよろしいでしょうか？　一度その本真珠の指輪を拝見させていただきたいと存じます。

「お買い上げいただいた際にお渡ししている鑑定書や保証書など、お渡ししたものをすべてお持ちいただいてもよろしいでしょうか？」

などと、お願いをする必要があります。

ショップ・企業の〝正式回答〟を作る

商品をお預かりできたら、社内のメンバー数名で**全容とその詳細を照合・確認**する作業に入ります。

お客様から収集した情報と、**お預かりした商品（時にはモノではなくサービスの場合もあります）の状態**と、ショップ・企業で過去に起きた**「似たようなケース」の情報**などをつき合わせて一つずつ精査していきます。

場合によっては、商品を販売したときに側にいた販売員に事情を聴くこともありま
す。参考意見として関係部署からアドバイスをもらうこともあります。

精査した結果と、さらに法律的な観点、商売上の観点を加味して、ショップ・企業
としてはどういう回答が望ましいのかを決めていきます。

もちろん、

・誰がお客様に説明するのか

・どのように説明するのか

も決めていきます。

反論されたときにどのように返すのか、細かい想定問答（Dialogical Talk）まで考
えなければなりません。

精査した最終結果を上司に報告して了承をもらうことは当然のことですが、着手し
た時点、途中の時点でも、経過報告をしながら、その都度、上司の指示を仰ぐことは
必須です。

こうしてショップ・**企業の〝正式回答〟が完成**します。

責任ある企業は、冷静な環境のもとで厳格な調査をおこないます。

そのためにも、案件をお預かりしましょう。

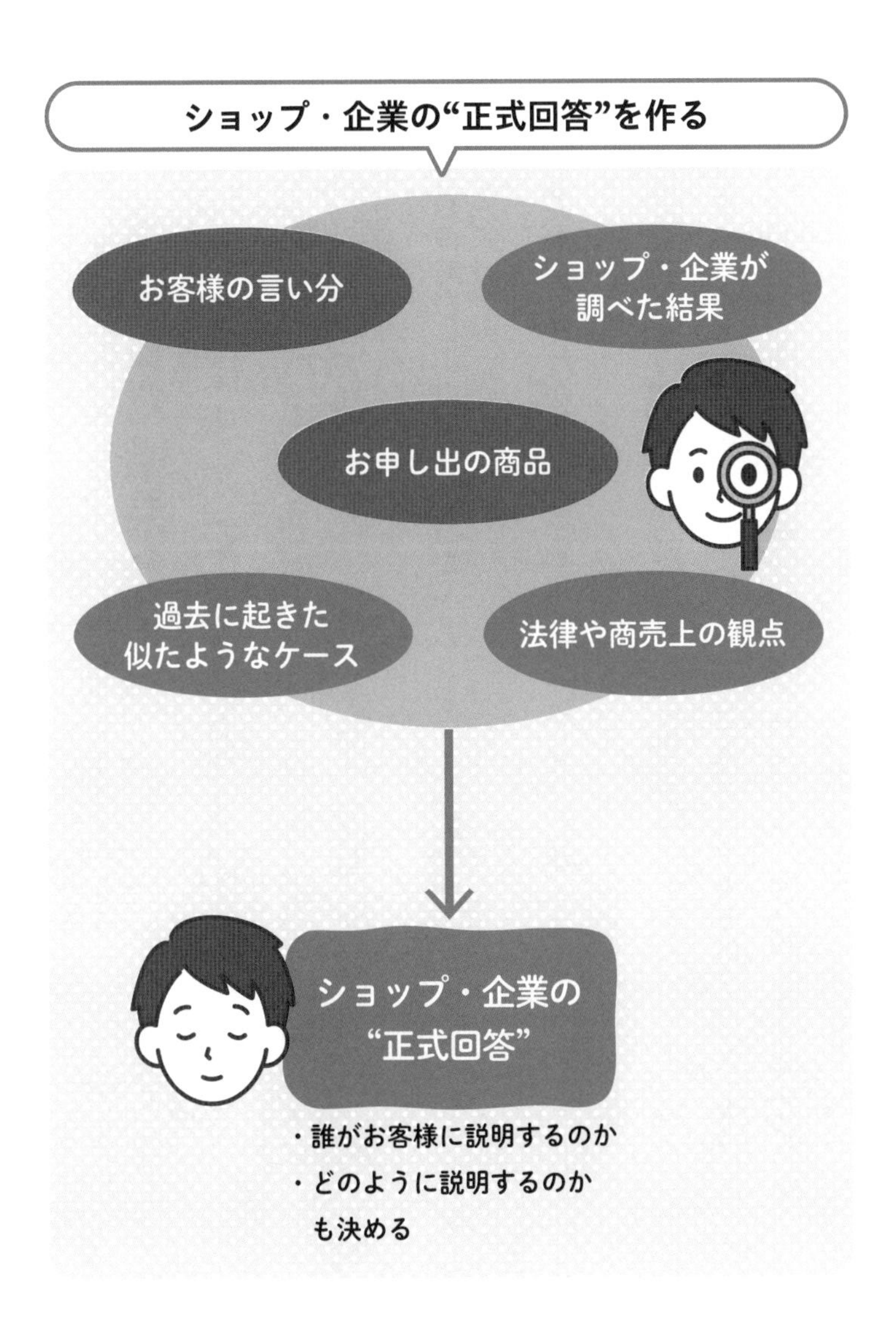
ショップ・企業の“正式回答”を作る
お客様の言い分
ショップ・企業が
調べた結果
お申し出の商品
過去に起きた
似たようなケース
法律や商売上の観点
ショップ・企業の
“正式回答”
・誰がお客様に説明するのか
・どのように説明するのか
も決める

OK対応 6

精査した結果と「対応できること」を伝える

〝正式回答〟の作り方：5つの結論と対応策

お客様のお申し出の内容について、ショップ・企業では〝正式回答〟を作成しました。

いくつかの可能性が想定されます。

結論❶ショップに落ち度があることが明白

お客様のお申し出の内容や説明のほとんどが論理的であり的を射ている。

調べた結果、ショップに落ち度があることが明白で、お客様にミスはまったくない。

❶の対応：軽微・些細なところは別として、お客様の主張とショップ・企業の調査結果が合致するので、「お客様の言い分は正しい」ことになります。

最低でも〝原状回復〟という、お買い上げいただいた時点にさかのぼって、再度対応することが必要となります。

お客様にはまったく、あるいはほとんど〝非〟がないのですから、丁重におわびした上で、新しい商品と交換する、返金する、などの対応をしないといけません。

〝原状回復〟という対応だけでは、お客様は納得しないかもしれません。どこまでお客様の要望を受け入れるのか、対応できることを事前に想定しておかねばなりません。

結論❷明確に「是」「非」の判断ができないが、お客様が「シロ」に近いケース

お申し出の内容や説明は理路整然としている点が多い。口調も穏やかであり、悪質性はまったく感じられない。商品の状態もお客様の説明と整合しているところが多い。

今まで、商品のこの部分がこのように不良であったことは一度もない。お申し出も

皆無である。企業としては信じられない。とはいえ、決定的な証拠はないのでお客様の言い分が正しいように思える。

❷の対応：どちらか一方に100％の〝非〟があるとは言えないため、むずかしい対応が求められます。

お客様のお申し出は〝限りなくシロに近い〟と言えます。内容に不自然なところはありません。ただ、証拠や根拠が見つからないため、絶対的な判断がつきかねるケースです。その対応方法は、企業や業界によって違ってくるのは仕方がありません。

このような場合は、丁重なおわびの上、返金・新品交換という対応がよいと筆者は考えます。お客様にミスがあったとしても、お申し出も事実に反しているとは言えないわけです。明確な証拠もないのに〝何か疑わしい〟という推測だけで「クロ」と断定してしまうのは、クレーム対応の大原則である〝疑わしきは消費者・お客様の利益に〟に反してしまうことになるからです。

お客様にしてみると、何らかの迷惑を被ったはずなので、それ以上のこと（賠償請求）を要求してくることがありえます。そこまで想定して、どこまでの対応なら承諾するのかを事前にショップ・企業側で考えておくべきです。

「それではダメだ、5万円出せ」「もっと高いものと交換しろ」などとお客様が言い始めたとしたら、**〝対応スイッチ〟を切り替えて毅然（きぜん）とお断りする**のはあたりまえのことです。

結論❸明確に「是」「非」の判断ができない「グレー」なケース

明確に断言はできないが、お申し出の内容と商品の状態とが合致していないところが少しある。お申し出の内容に整合性はあるが、曖昧なところも少なからずある。客観的に見て、ショップにも・お客様にも、双方に大きな「非」があるとは言えない。

❸の対応：どちらか一方に100％の〝非〟があるとは言えないため、むずかしい対応が求められます。
お客様のお申し出が黒とも白ともいえないグレーのケースです。ただ、ショップに

も些細な落ち度があり100％正しいとは言い切れないのがこのケースです。

この場合は、**グレーの色の濃淡によって対応が微妙に違ってくる**はずです。一概に〝この対応がベスト〟とは言えないケースです。

だからこそ、組織内で十分精査・検討し、どのように対応すべきかを事前に決めておかないといけないのです。組織が判断をするのです。

また、まったく同じケースであったとしても、企業・業界によってもそれぞれ対応が異なってくることがあります。だからこそこれが〝正解〟とは言い切れません。

どの結論になっても必要なもの

正解はないのですが、社内で慎重に精査・検討した結論なのですから、その結論を〝(私たちの)正解〟とするのです。

応対者が一人で判断したのではなく、組織(社内)で判断したことですから、それが〝正解〟なのです。

結論❹お客様の勘違いや誤解の可能性が大きい
結論❺相手は、ハードクレーマー、悪質クレーマーに該当すると断言できる

❹❺の対応：精査した結果、お申し出の内容に疑義があり、信憑性・真実性があまり感じられない。

さらに言えば、かなり悪質性が高いのであれば、なおのこと明確にお断りすべき案件となります。ショップ・企業がこのように判断したことなので、堂々と毅然とした態度で断りましょう。

❶～❺どのような結論にせよ、対応するときまでに「決めておかねばならないこと」がいくつかあります。

- **誰がお客様に回答するのか**
- **どのような説明の仕方をするのか**
- **説明してもショップ・企業側の考えとは違う返事がお客様から返ってきたときにはどうするのか**

このように細かい想定問答（Dialogical Talk）を考えておかねばなりません。

いずれにしても、**この段階では「組織対応」**です。

組織の英知を結集させて、最善の対応をしましょう。

"正式回答"5つの結論と対応策

結論①ショップに落ち度があることが明白

丁重におわびした上で、新しい商品と交換する、
返金する

結論②明確に「是」「非」の判断ができないが お客様が「シロ」に近い

・丁重なおわびの上、返金・新品交換
・それ以上の要求には応じない

結論③明確に「是」「非」の判断ができない「グレー」なケース

グレーの色の濃淡によって対応が微妙に違う。
組織内で対応方法を決めておく

結論④お客様の勘違いや誤解の可能性が大きい

結論⑤相手は、ハードクレーマー、悪質クレーマー

精査した結果、
・お申し出の内容に疑義がある
・信憑性・真実性があまり感じられない
のであれば、明確にお断りする

column

お客様には「デメリット」も伝える

販売時に、商品のよいところばかりをお客様に説明することはよくありますが、それだけでなく、関連情報や**デメリット情報**もわかりやすく、お客様にはっきりとお伝えしなければいけません。

・**事実と違う説明をした**
（化繊の混紡なのに「このブラウスの素材は絹１００％です」）
・**「断定的な判断」を提供した**
（先のことはわからないのに「半年後には2倍に値上がりします」）
・**不利益な部分について故意に説明しない**
（熱に弱い素材なのに、そのことを説明しない）

といったことが明白なときは、
消費者から一方的に売買契約の「取り消し」ができるからです（消費者契約法より）。

お客様に、デメリットを伝えるときは「こちらのコーヒーポットは耐熱ガラスではありませんので、コンロなどに直接火をかけるのはおやめください。ガラスが割れることがございますので……」など**「NO」をはっきりと伝えましょう。**

デメリットを事前に伝えていないと、お客様から「ダマされた」「嘘をつかれた」などと言われて返品や返金に応じざるを得ない……ということもあるのです。悪質クレーマーだったときは、〝いいカモ〟にされてしまうかもしれません。

販売時には、何よりお客様への誠実な対応が求められます。メリットだけでなくデメリットもお伝えすることが本当のサービスなのです。

第4章

現場ですぐに使える「お気持ち対応フレーズ」

お客様からのクレームやお怒りの言葉は、予期せぬタイミングでやってきます。突然のことでパニックになってしまわないよう、すぐに使える便利なフレーズを紹介します。スッと口に出して言えるようになると、その後のお客様対応がスムーズになります。

「お気持ち対応フレーズ」を身につけると、いつでも冷静に対応できる

「お怒り対応」のキモである「お気持ち対応」がむずかしいのは、突然お客様が怒鳴り込んでくる、あるいは電話をかけてくるからです。予測できないタイミングで強い口調で言われてしまうと、誰だって動転してしまいます。

そこで、この章では、**すぐに使える「お気持ち対応フレーズ」**を紹介します。知識として覚えるのではなく、**意識せずにスッと口に出せるよう身につけましょう**。

「お気持ち対応フレーズ」のいいところは、お客様に一言伝えることで、自分自身が一呼吸入れられる点です。

お客様からのお怒りやクレームでパニックになるのを防げます。

要は**時間稼ぎができる**というわけです。

ここでは、次のような「お気持ち対応」フレーズを紹介します。

・いつでも使える〝超基本のおわび表現〟
・どちらに〝非〟があるのかわからない「グレーなときのおわび表現」
・こちらの非を素直に認める〝心からのおわび表現〟
・お客様の〝感情に寄り添う表現〟
・覚えておくと安心な〝定型フレーズ〟
・お客様に〝折り返しお電話するときの基本フレーズ〟
・電話を切るとき、話を終えるときの〝締めのフレーズ〟
・言いにくいことを言うとき、一息入れたいときに使いたい〝クッション言葉〟
・丁寧かつきっぱり伝えたい〝お断り＆終了フレーズ〟

特に電話での「お気持ち対応」はパニックになりがちです。こんなときのために、「お気持ち対応フレーズ」を紙に書いて電話の横に貼っておけば安心です。いざというときにはメモを読み上げるだけで、冷静さを取り戻せます。

フレーズ1

超基本のおわび表現

「ご迷惑をおかけしてしまい、誠に申し訳ございませんでした」

ご迷惑をおかけしてしまったこと、心からおわび申し上げること、を強調しましょう。

日常生活で使わない表現だからこそ、声に出して練習する

これは基本中の基本フレーズですが、このおわび表現がスッと出てこない人は案外多いものです。

「すみません」
「失礼しました」
「申し訳ないです」

といった一言で終わるカジュアルな表現ではなく、

「（このたびは）ご迷惑をおかけしてしまい、誠に申し訳ございませんでした」

で一つの表現となります。**丁重なおわび表現**です。

日常生活ではあまり使わない表現だからこそ、**一字一句間違えないよう、何度も繰り返し声に出して練習**しましょう。

お客様が何かにお怒りの際に、第一声としてお伝えしたい、丁寧で効果があるおわび表現です。

しかも**万能**ですから広く活用できます。

ポイントは、

こちらにミスがあったと明確に認めるのではなく、お客様のお怒りやその奥にある不安や不満、困ったという〝マイナス感情にさせてしまったこと〟に、**制限をつけたおわびをしている点**です。

あらゆる「お気持ち対応」で使える表現ですので、しっかり覚えておきましょう。

例えばこんな使い方

「このたびはご迷惑をおかけしてしまい、誠に申し訳ございませんでした」

グレーなときのおわび表現

「・このたびは、誠に申し訳ございませんでした

・（お客様のお話にタイミングよく相づちを打ちながら）**そうだったのですね、申し訳ございませんでした**

・ご期待に応えることができず、申し訳ございません」

意識せずにスッと出るように、何度も口に出して覚えましょう。

フレーズ2

どちらに〝非〟があるのか現時点ではわからない「グレーなときのおわび表現」

「～だったのかもしれません、申し訳ございませんでした」「～だったということですね、申し訳ございませんでした」

〝非〟がどちらにあるのかわからないのですから、明確に責任があるかのように表現してはいけません。お客様のお申し出を否定などせずに、**曖昧ながらもそのまま繰り返しておわびする**ような表現になります。

こちらに〝非〟があると誤解されないよう、おわびする

「私たちが悪いのではありません、わかりやすくお伝えしたのに、お客様が勘違いをしたからこのようなことになったのです。お客様が悪いのでは？」とは申し上げられません。

同様に、お客様から強い口調で一方的に追求されてしまったとしても、勢いに押されて思わず「私たちに問題がありました」と完全に同意する必要もありません。

そうではなく、必ずしもショップ・企業に過失やミスがあったわけではなく、お客様が勘違いしているようなとき、もしくは、現時点ではどちらに責任があるのか明確ではないときには、**ショップ・企業に〝非〟があると誤解されないようにおわび**します。

さらに、この**グレーなときのおわび表現**には、次のような意味合いも含まれ

ています（**絶対に口に出してはいけません**）。

「このたびのことをどなた様に聞いていただいても、私たちは十分な心遣いをしていた、とご理解いただけるはずです。しかし、そうは言っても、私たちがもっともっと心遣いをしていれば、お客様が勘違いするようなことはなかったのでしょう」

ここでは、「私どもに〝非〟があります」と認めているわけではありません。

「ひどい目に遭われたことはよくわかります。しかし、その原因が私どもの商品によるものかは今のところよくわかりません。しかし、お買い上げいただいたことがきっかけで、ご気分を損ねてしまわれたことは事実でしょうから、そのことについてはおわび申し上げます」

この通りに素直に言ってしまったら〝炎上〟しますが、こういう意味を含んだおわびの表現であることをご理解いただければと思います。

例えばこんな使い方

「私どもの販売員の説明が不十分だった、ということですね、
誠に申し訳ございませんでした」

グレーなときのおわび表現

・（ご指摘を受けた販売員の対応に）

「とても失礼な言い方や態度だったのですね、
あらためておわび申し上げます。
申し訳ございませんでした」

フレーズ3

こちらの非を素直に認める
「心からのおわび表現」

「心からおわび申し上げます。申し訳ございませんでした」

ショップや企業の〝非〟が明白であるときは、素直に〝心からのおわび〟をすることが解決への早道となります。

すみやかに、かつ具体的におわびする

〝非〟が明白、あるいは〝非〟である可能性が高い、とわかった時点で**すぐにおわびの言葉をお伝えします。**

おわびする際には、こちら側に〝非〟があったことを具体的にお伝えし、おわびすることがとても重要です。

「申し訳ございませんでした」という短い・曖昧なおわびでは、「何に対して申し訳ないと思っているのか？」「〝非〟の内容を理解しているのか？」と真摯なおわびとは受け取っていただけません。

短いおわびでも、しないよりも〝まし〟かもしれませんが、お客様の中には大ざっぱなおわびと受け取ってしまう人は少なくありません。

「さっきから申し訳ない、という言葉しか言ってないけれど、どこが悪かったのかあんたわかっているの？」などと指摘されてしまうでしょう。

こちら側の過失・ミスが明らかだとわかった時点で、即、丁重におわびする、さらに**どこが〝非〟であったかを言葉にしておわびすることで、お客様は謝罪をしてもらった、と感じる**のです。心の中で、お気持ちの一部がやわらいでいくのを感じてくださるのです。

例えばこんな使い方

「今回は、販売員の説明に間違いがあったために、お客様には二度もご来店いただくようになってしまいました。十分な点検をせずに商品をお渡ししてしまいましたこと、まずは心からおわび申し上げます。誠に申し訳ございませんでした」

心からのおわび表現

- 大変失礼いたしました。申し訳ございませんでした。
- すぐに用意いたしますので、少々お待ちくださいませ
- 大変失礼いたしました。すぐに新しいものをお持ちいたします
- お客様のおっしゃる通りでございます。
- 言い訳になってしまい申し訳ございませんでした
- 私どもの販売員の応対でご迷惑をおかけいたしました。
- 誠に申し訳ございませんでした

フレーズ4

お客様の感情に「寄り添う表現」

「なるほど……、そういうことだったのですね……」

「同意する」のではなく「共感する」

最初に〝**準拠枠**〟という考え方について説明しましょう。

人の顔が皆違うように、大なり小なり、考え方もそれぞれ違います。

生まれたときの環境とか、養育者（幼い自分を育ててくれたのは両親や祖父母だけとは限りません、さまざまな方が大切に育ててくれた場合もあります）から受けた愛情や考え方、地域に住んでいる方々や幼なじみからの影響、学校や職場などで得た知識や経験、等々の〝生育歴〟が一人ひとり違っています。

ものごとの進め方や感じ方、考え方や価値観などが皆さん違うのはあたりまえなのです。

このように、**それぞれが違って持っている考え方や価値観を〝準拠枠〟と言います。**

「感情に寄り添う」とは、自分の〝準拠枠〟だけにとらわれるのではなく、相手の

〝準拠枠〟の横に立って、相手の考え方や感じ方を素直に聴いてみることです。
横に立つだけですから「その通りです」と同感や同意することではありません。

「そういうことだったのですね」
「そんなことがあったのですね」
「それが原因でこうなってしまった、ということですね」

と、**「お客様と私とは考え方が違いますが、お客様はそのように考えているのですね」と返しているだけ**です。

相手の〝準拠枠〟の中に入り込んで「私もあなたと同じ考え方です」と〝**同意**〟**や〝同感〟をするのではありません。**
「あなたの考え方や気持ちを十分理解していますよ」と〝**共感**〟**する**のです。

とはいうものの、「相手の感情に寄り添う」ことは簡単ではありません。

「相手に寄り添おう」と意識しながらトレーニングする

多くの人たちは、相手の話を聴いているときに「ちょっと違う」と感じると、その瞬間に「そうではない」とばかりに自分の考え方や感想・意見を相手に伝えてしまいます。相手に「それは違いますよ」と主張し、自分の〝準拠枠〟を伝えようとします。〝押しつけ〟になっていることに気づかずに……。

相手の気持ちに〝寄り添える〟ようになるには、〝寄り添う〟という意味の本質を理解することから始まります。

理解した後は、積極的にトレーニングする必要があります。

しかも**「相手に寄り添おう」と意識しながらトレーニングする**ことがとても大事です。

もう少し、〝寄り添う〟の意味を説明してみましょう。

親しい仲間であっても、〝準拠枠〟が違うのですから、相手と自分とは考え方が異なることはいくつもあるはずです。

相手は「Aの事実が正しい」と子どもの頃から信じています。

自分は、というと「Bの事実が正しい」と信じ切っています。

たまたま、自分が相手と会話する機会がありました。

相手は「Aの事実が正しい」と言ってきました。

そのようなときに、〝寄り添う〟の意味を表面的にしか理解していない人は「寄り添わねばならない」と考えて「そうだね、私もAの事実が正しいと思う」と、相手を慮って、相手を傷つけまいとして、あるいは論争を避けたいと思って、相手の考え方に合わせてしまいます。優しい心を持っている自分は、自分の考え方を無理矢理にでも捨てて〝寄り添った〟つもりになってしまいます。

それは、**本当の意味で〝寄り添い〟ではありません。**

「相手の考え方に、自分を合わせなければならない」などと考える必要はないのです。

自分を信じつつも、素直に聴いてみる

相手に合わせてばかりいると、自らの考えを自身で否定することになり、自分の〝心〟や〝存在〟すらなくなってしまいます。相手によって自分の〝心〟を変えてしまうのですから。

そうではなく、自分が信じている考え方である「Bの事実が正しい」は変えません。そのまま信じて大切に心に留めておきます。

その上で、相手の〝準拠枠〟の横に立ってみて、相手がどうして「Aの事実が正しい」と考えているのか、その**信念をそのまま素直に聴いてみる**のです。素直に聴くのですから、**反論・否定などしてはいけません**。

素直に聴いてみると、見えてくるものがあるのです。

自分の考え方とは違うけれど、相手はこんな理由で「Aの事実が正しい」と信じているのだ、こういう価値観を持っているからこのように信じているのだ、と見えてく

るのです。

「（私はＢの事実が絶対に正しいと信じていますし、考え方を変える気持ちはありませんが……）あなたは、このような理由で、このような背景があるから〝Ａの事実が正しい〟と考えているのですね」

と、相手の考え方や価値観の構造・構図を理解できるようになるのです。

〝寄り添う〟とは、

・自分の考え方を信じながらそれを大切にして
・その信念を変えることなく
・いったん相手の心の横に立ってみて
・自分の心の耳を研ぎ澄まして聴いてみようとする

ことなのです。

前述した〝**共感**〟**と同じ意味**になります。

もちろん、相手の考え方が正しそうだと感じるのは自由ですし、自分の考え方を変えるのも自由であることは言うまでもありません。

自分の考え方なのですから、自分が決めてよいのです。

さあ、「寄り添う」の意味の本質を理解できたでしょうか。

頭で理解しただけでは足りません。

実際にトレーニングをして体得しましょう。

ご家族と、職場内の知り合いと、地域社会の人たちと、話をする機会を積極的に作りましょう。そしてトレーニングです。

話し相手を探して〝寄り添い〟のトレーニングをしてみましょう。

1カ月後には、あなたは〝寄り添いの達人〟になっているかもしれません。

例えばこんな使い方

「そうですか、「この商品はB百貨店ではもっと高い値段で販売している」と販売員が申し上げたのですね。

そのため、わざわざご確認いただくためにB百貨店まで行かれたということですね。ほかに行かねばならないところがあったのに、そのためにご自分のお時間を割いて見に行かれた、ということですね。

ご迷惑をおかけしてしまい、誠に申し訳ございませんでした」

寄り添う表現

「・なるほど……、そういうことだったのですね……
・そういうお考えだったのですね

- そのような状況だったのですね
- そうですか、そのようなことがあったのですね
- お客様のお気持ちはよくわかります。そのようなことがあったので、そう思われているのですね

フレーズ5

覚えておくと安心な【定型フレーズ】

「かしこまりました。〜ということでございますね」

「ありがとうございました。〜ということでございますね」

「承知いたしました。〜ということでございますね」

お客様から何かご依頼されたときに、このフレーズを言われたらお客様も安心します。

「はい、わかりました」で終わると、お客様は不安になる

ご依頼を受けて「はい、わかりました」で終わると、「本当に理解してもらえたのかな」と、お客様は不安になります。そこで、確認のため次のフレーズを使います。

例えばこんな使い方

「ここのところをこのように、この部分はこう直すのですね、承知いたしました。私は川合と申します。1週間後の○月○日にできあがりますので、お受け取りはそれ以降にお越しいただきたいと存じます。ありがとうございました」

フレーズ 6

お客様にお声がけするときの【定型フレーズ】

「お手伝いすることはございませんでしょうか？」「何かお探しでしょうか？」

お客様にお声がけするとき、お客様がどのような心理状態なのかは、見ただけではわかりません。

だからこそ、丁重な態度と言葉でお声がけをします。

つい出てしまった一言で……

不安そうな顔で、お客様が入り口付近で躊躇しているようです。販売員が親切心でお客様のところに向かいました。

「どうしたのですか？」と、親切にお声がけしたつもりだったのですが、お客様の受け取り方は違っていました。『『どうしたのですか？』じゃないだろう、もっと丁寧な言い方ができないのか。まったくこの店はひどいな……』

この販売員が接客業の定型フレーズを覚えていれば、結果は違ったでしょう。

例えばこんな使い方

**「お客様、いかがされましたか？
何かお手伝いすることがございますでしょうか？」**

フレーズ7

電話でお客様から情報をいただくとき

「恐れ入りますが、お客様のお名前を漢字で教えていただけますでしょうか？」

お名前の聞き間違いや漢字の間違いに注意する

前にもお伝えしましたが、氏名や住所を伺うときには、正しい漢字を教えていただかなければなりません。

お客様に教えていただいたら、**必ず復唱**して、間違いがないようにしましょう。

●間違いやすいお名前

市川（いちかわ）様と石川（いしかわ）様
周防（すおう）様と須藤（すどう）様
千葉（ちば）様と斯波（しば）様
高石（たかいし）様と高橋（たかはし）様
安部（あべ）様と伊部（いべ）様
石田（いしだ）様と岸田（きしだ）様
鈴木（すずき）様と都築（つづき）様

今井（いまい）様と岩井（いわい）様

お客様に教えていただく際に、

こちらが漢字を想像して「イエスかノー」でおたずねするような〝クローズドクエスチョン（閉じられた質問）〟だと時間がかかり、場合によってはトラブルになってしまうことがあります。

お客様にすべて教えていただくような**〝オープンクエスチョン（開かれた質問）〟でおたずねする**と、スムーズに聴き取れます。

例えばこんな使い方(オープンクエスチョン)

販売員「すほう様、恐れ入りますが〝すほう〟様の漢字はどのように書くのか教えていただけますでしょうか?」
お客様「すほうの〝す〟は、円周率の〝周〟の〝周〟です。〝ほう〟は、防ぐの〝防〟、防衛省の〝防〟です」
販売員「すほう様の〝す〟は、円周率の〝周〟でございますね。〝ほう〟は、防ぐとか防衛省の〝防〟という漢字でございますね。ありがとうございました」

このように、一からお客様に伺ったほうが、早く答えにたどり着きます。

フレーズ8

食品に異物が入っている、ケガをした

「どなたかお体の具合が悪くなった方はいらっしゃいませんか?」

「お怪我をされた方はいらっしゃいませんか?」

「異物が入っていたということですね、詳しくご説明いただけますでしょうか?」

「ゆっくりで結構でございますので、お話しいただけますか?」

ご連絡くださったお客様はあわてていることがあります。
だからこそ、受ける私たちのほうが落ち着かねばなりません。
このようなフレーズをすぐに言えるよう、普段から練習しておくことが肝心なのです。

相手に巻き込まれず、落ち着いて話をする

「食材に異物のようなものが入っていた」といった電話を受けたときは、まずは、召し上がったことで**具合が悪くなった人、怪我をした人がいないかを確認することを優先します。**

もし、該当する人がいて、至急対応する必要がある状態だとお客様がおっしゃった場合は、その状況をたずねながら、「救急車を呼ぶか、病院で診察を受けていただいたほうがよさそうに感じますがいかがでしょうか?」といった言い方で提案します。「それほどではない」とお客様がおっしゃった場合は、安静にして経過を見ていただくよう、お客様にお願いしないといけません。

いずれにしても、その後に報告していただくか、こちらから連絡して情報をいただくよう提案する必要があります。

治療費については、正確な状況がわかった時点で、話し合いとなりますので、**どちらがどの程度負担するのかは後ほどの判断**となります。

電話を受けた今の時点では、「支払います」などと明言してはいけません。

次に、一般的にはお客様はかなり興奮している、あわてている、早口になっていることがありますので、お話の内容がよくわからず、正確な事情がつかめないことがあります。

相手のあわてぶりに巻き込まれることなく、**落ち着いて話をする**よう心がけることが求められます。

こちらがあわててしまうと、相手もあわててしまいますので、ゆっくりした口調で

「ゆっくりで結構でございますので、状況を教えていただけますでしょうか?」

とお願いします。

そして、お客様が落ち着くまでじっくりとお話を聴く、という姿勢が必要となります。

間違えても、次のような言い方をしてはいけません。

「お客様、要領よくお話しください。中に入っていた異物の状況やどんなものが入っていたのか説明してくれないと何もわかりませんよ」

このように言ってしまうと、**別のクレーム**になってしまいます。

例えばこんな使い方

- **異物のようなものが入っていたということですね。どなた様か、お召し上がりになって具合が悪くなられた方はいらっしゃいますか？**
- **それを使用してお怪我をされた方はいらっしゃいますか？**
- **具合が悪くなった方がいらっしゃるようですが、現在はどのようなご様子でしょうか？　すぐにでも病院で診ていただかないといけないご様子でしょうか？**
- **具合が悪いようでしたら、お近くの病院に行かれたほうが**

よろしいかと存じますが……

・今の時点で治療費をどちらが負担するのかをお話ししているよりも、一刻も早く病院で診ていただいたほうがよろしいかと存じますが

・お客様、ゆっくりで結構でございますので、中に入っていた状況やその異物のようなものの形状などを教えていただけますか？

」

フレーズ9

電話で苦情、お問い合わせ、ご意見をいただいたとき

「貴重なご意見をありがとうございました。今後の参考にさせていただきます」

「わざわざ、ご意見をいただきありがとうございました」

「とても参考になりましたので上司に報告させていただきます」

時間とお金を使っていただいたことへのお礼を

わざわざ時間を割いて、電話料金のご負担もあるのに電話をくださったのです。
電話を終える際には、必ずお礼の言葉をお伝えしましょう。

例えばこんな使い方

「
・本日は大切なお時間を割いていただき、貴重なご意見を賜り、
ありがとうございました。
私たちには気づけないことをいくつもご指摘くださり、
とても参考になりました。
今後も、何かお気づきの点がございましたら、
ぜひとも拝聴したいと存じます。
どうぞよろしくお願いいたします。

本日はありがとうございました

・本日は、普段の私たちではとても気づかないようなとても貴重なご意見を賜り、ありがとうございました。大変参考になりました。内容を上司に報告させていただきたいと存じます。本日はありがとうございました

・今回、お客様からいろいろ教えていただいたおかげで、私どもの失礼な対応について、細かい部分まで把握することができました。お話しいただきありがとうございました

フレーズ10

折り返しお電話をするときの基本フレーズ

「お差し支えなければ、3分後ぐらいにこちらから折り返しの電話をさせていただきますが……」

電話料金のご負担でご迷惑をおかけしてしまうので、こちらから電話をかけ直すようにします。

電話料金が高額になる前に〝折り返し〟を提案する

お客様からお電話があり、クレームのようです。

お客様の説明がよくわかりません。このままだと長電話になりそうです。内容はよくわかりませんが、遠距離のようですし長時間です。電話料金は高額になりそうです。

クレームでお怒りのお客様です。電話料金が高額だったことを知ったらさらにお怒りが倍増するかもしれません。そんなときには、気を利かせて**こちらから電話のかけ直しを提案**します。

そのとき気をつけたいのが、**〝折り返し〟という言葉を使ってはいけない**ということ。同様に〝すぐに〟や〝あらためて〟といった言葉も使ってはいけません。

なぜなら、これらの「曖昧な言葉」は、人によって解釈が異なるからです。

販売員にとっての〝折り返し〟は、状況を調べた上で連絡をするので「30分後」をイメージしていたとします。しかし、お客様は「電話を切って1分以内にかけ直してくることを〝折り返し〟だと思っている」可能性があります。ほかの言葉もそうです。

電話のそばで待っている時間は、時計の針が動く以上に時間経過が長く感じます。**「今すぐにかかってくるだろう」と待っている電話は、3分が10分に感じるもの**です。

「曖昧な表現」は使用せずに、誰でも同じように解釈できる言葉、例えば**具体的な時間**をお伝えするとよいでしょう。

例えばこんな使い方

・お客様、ご連絡をありがとうございました。
私どもでご迷惑をおかけしたということですね。
詳しくお話を伺いたいのですが、電話代が高額になってしまうといけませんので、いったん電話を切りまして、3分後ぐらいにこちらからかけ直しをさせていただきたいと

存じますが……。

お客様のお名前とお電話番号を教えていただけますでしょうか?

・大変申し訳ございません。今、このお電話では正確にはお答えできませんので、調べるため、お時間をいただきたいと存じます。

1時間後の○時頃に私どもからお電話をさせていただきたいと存じます。ご都合はいかがでしょうか?

〝折り返し〟お電話をするときのフレーズ

(それほどお待たせしていなかったときでも)

・長い時間お待たせしてしまい、失礼いたしました

・大変お待たせいたしました

長電話のお客様との電話を切るとき、話を終えるときの【締めのフレーズ】

「別のお客様とお約束した時刻となってしまいました。本日は楽しいお話をありがとうございました」

お客様になるべく〝恥〟をかかせないような表現を使って、さりげなくお話を終わらせましょう。

最後は感謝の言葉で締める

販売員が〝聴き上手〟であればあるほど、お客様は販売員との会話を楽しみたいと思っています。時間を忘れてお話を続け、家族や旅行のことや、ご子息様やお嬢様の自慢話にまで花が咲いてしまいます。

ほかのお客様の中には、あのベテランの販売員に接客してもらいたい、このことで聞きたいことがある、というご要望をお持ちの方々が多数いらっしゃいます。

それゆえ特定の一人のお客様だけに長時間接客するのは避けたいところです。

今、応対しているお客様に失礼のないように、お話を終えられる**「締めのフレーズ」**を活用します。

ポイントは、**〝別のお客様との約束〟があるとお伝えすること**です。

「この後〝会議〟〝打ち合わせ〟がありますので……」などとお伝えしてしまうと、お客様の中には、「あら、会議のほうが私よりも大事だというの？」と返してくる〝強者〟がいるかもしれません。

今、電話している（あるいは対応している）お客様に対抗できる **〝方便〟** は、**〝別のお客様との約束〟** がよいでしょう。

例えばこんな使い方

（用件が終わり、その後、10分ほど長電話が続いています。お客様のお話が途切れるタイミングで……）

・**お客様のお話があまりにも楽しかったので、もうこんな時刻になってしまいました。楽しいお話をありがとうございました。この後、約束があり、別のお客様がご来店いただく時刻になってしまいました。もっともっと楽しいお話をお聞かせいただきたいのですが、残念ですが今日はこのあたりで電話を切らせていただきたいと存じます**

どうしても自分から切り上げにくい場合は、ほかの販売員から、お客様に聞こえるような大きな声で呼びかけてもらうという方法もあります。電話が入っていなくても、**「〇〇さん、お客様から電話が入っていますよ、至急、お願いいたします」**と一言かけてもらうと、締めの言葉を言いやすいでしょう。

例えばこんな使い方

「お客様、申し訳ございません、楽しいお話の途中ですが、別のお客様から私に電話が入っているようです。また、次回ご来店いただいたときに今日の続きをお聞かせください。途中ですがこれで失礼いたします」

また、今後もご連絡を差し上げる可能性があるお客様の場合は、**最後に、自分のフルネームをゆっくりとお伝えする**のもよいでしょう。

「この案件は私が責任を持って対応させていただきます」と宣言・約束することになり、お客様はとても安心します。

例えばこんな使い方

・本日は○○様にご迷惑をおかけしてしまい、あらためておわび申し上げます。
それではこれで失礼いたします

・それでは電話を切らせていただきます。ありがとうございました

・私は△△ショップの高橋と申します。何か不都合なことがございましたら、どうぞお気軽にお申し付けくださいますよう

お願いいたします。
ありがとうございました。それではこれで失礼いたします

・何かご不明な点がございましたら、ご遠慮なくお申し付けくださいますようお願いいたします

」

フレーズ12

丁寧かつきっぱり伝えたい
【お断り＆終了フレーズ】

「お断りいたします」
「お引き取り願います」
「警察に連絡するようになります」
「これ以上は対応いたしません」

きっぱりとお断りをしなければならない場面は必ずあるものです。いざというときにスッと一言が告げられるよう、日頃から声に出して練習しましょう。

対応を終了させるときには

お客様として丁重に対応するような段階が過ぎてしまったときには、**対応を終了させるという方針**を伝えます。

このような場面では、気を遣って曖昧に伝えたり、相手の気分を損ねないよう遠回しに伝えたりすると、かえって相手に誤解を与えてしまいます。

毅然とした態度で**はっきりとお断りしないといけません。**

あらかじめ、ショップ・企業で〝お断り&終了フレーズ〟を伝える場面や基準、ガイドラインを決めておきましょう。

例えばこんな使い方

「
・誠に申し訳ございませんが、お断りいたします
・これ以上の対応はできかねますので、お引き取り願います
・いくらお願いしても大声を出し続けていますので、警察に連絡いたします
・これ以上は対応できかねます。私は別の業務がございますので失礼いたします
」

column

知っておくと便利な「クッション言葉」

「クッション言葉」とは、**言いにくい言葉・強い言葉を、まるでクッションのように柔らかく、ソフトな表現に替えてくれる便利な言葉**のことです。

よく使うものとして、**「恐れ入りますが」**があります。

クッション言葉は、

- **お客様に何かをお願いをしたい**
- **お客様に質問をしたい**
- **お客様にNOと言いたい**
- **お客様にとって不都合なことをお伝えしなければならない**

など、言いにくいことを伝える場面で使います。

そのままストレートに伝えてしまうと、**「当たりが強い」**とお客様が感じてしまいます。

お客様によっては「断り方が強くて気分を損ねた。断るにしてもそんな言い方はないだろう」と、別な要因でクレームになってしまうことがあります。

そこで、**当たりをやわらげる「クッション言葉」**を活用します。大切なのは、ソフトな表現を使いつつも**言いにくいことをしっかりお伝えする**ことです。

「存じます」など普段あまり使わない表現もあります。何度も声に出して練習をして、いざというときに自然と言えるよう準備しましょう。

●お願いするときのクッション言葉

・恐れ入りますが
・お忙しいところ申し訳ございませんが
・お手数（ご足労）をおかけしますが
・ご面倒なことを申し上げて恐縮ですが
・ご不便をおかけいたしますが
・勝手なことを申し上げて恐縮ですが
・いかがでしょうか

例えばこんな使い方

- 恐れ入りますが、◯◯をお願いしてもよろしいでしょうか？
- お忙しいところ申し訳ございませんが、お越しいただいてもよろしいでしょうか？
- お手数（ご足労）をおかけしますが、◯月◯日までにお持ちいただけますでしょうか？
- ご面倒なことを申し上げて恐縮ですが、商品だけでなく、説明書、パッケージ、包装紙等、お渡ししたものすべてをお持ち込みいただけますでしょうか？
- ご不便をおかけいたしますが（or勝手なことを申し上げて恐縮ですが）、1週間ほどお待ちいただけますでしょうか？
- 責任者に相談させていただきたいと存じますが、いかがでしょうか？

●質問するときのクッション言葉
・失礼なことを伺いますが
・お差し支えないようでしたら
・ぶしつけなことを伺いますが

例えばこんな使い方

「
・失礼なことを伺いますが、いつ頃お買い上げいただいたものでしょうか？
・お差し支えないようでしたら、このままお使いいただくという方法もあるかと存じますが……
・ぶしつけなことを伺いますが、「手を加えた」というようなことはございますでしょうか？
」

●断るときのクッション言葉

・あいにくですが
・わざわざお越しいただいたのですが
・せっかく、ご来店いただいたのですが
・誠に申し上げにくい（本当に心苦しい）のですが
・いかがでしょうか
・～と感じておりますが

例えばこんな使い方

・あいにくですが、今回の場合はお断りさせていただきたいと存じます
・わざわざ（せっかく）お越しいただいたのですが、ご要望にはお応えしかねます、としか申し上げられないのですが

・誠に申し上げにくい（本当に心苦しい）のですが、
3年間使用されていらっしゃるということですので、
お断りさせていただきます
・申し上げにくいのですが、
最初から不良であったとは考えにくいような気がしますが、
いかがでしょうか？
・あいにくですが、私どもの責任とは考えにくいと
感じておりますが……

●そのほかのクッション言葉
・お言葉ではございますが
・そのようなご意見もあるかと存じますが
・大変失礼なことを申し上げますが
・余計なことを申し上げてしまいますが

・少し長くなりますが
・～が不十分だったのかもしれません
・一般論で申し上げますが

例えばこんな使い方

「
・お言葉ではございますが、私にはとても理解できることではございません
・そのようなご意見もあるかと存じますが、私どもとしては、違った考えでございます
・大変失礼なことを申し上げますが、お客様のご意見はご意見として承っておきます
・余計なことを申し上げてしまいますが、このように対応するのは……

私どもの規則でそうなっているからなのです

・少し長くなりますが、このまま説明させていただいてもよろしいでしょうか？

・私の説明が不十分だったかもしれません。もう一度説明させていただいてもよろしいでしょうか？

・一般論で申し上げますが、通常、10年は使用できると言われています

」

第5章

NG表現をOK表現にする「言い換えリスト」

伝え方一つで、お客様に与える印象は大きく変わります。

この章では、ネガティブな表現やお客様に誤解を与えかねない言い回しを、ポジティブに変換する「言い換えリスト」を紹介します。言い方を変えるだけですから、使わない手はありません。

「これしかない」と「これだけある」の印象はまったく違う

お客様にはっきり「ダメです」と言わねばならない場面はあります。しかし、そのまま「ダメ」と言ってしまうと、かなり強い口調の「NO！」に聞こえてしまいます。マイナスイメージをプラスイメージに転化させたり、誤解を与えてしまうような表現をソフトに聞こえるよう言い換えたりすることは、お客様との円滑なコミュニケーションにおいて特に心がけたいポイントです。次の2つの表現を比べてみましょう。

❶ これしかありません
❷ これだけあります

残量は同じですが、**表現次第で印象がまったく違うのです。**

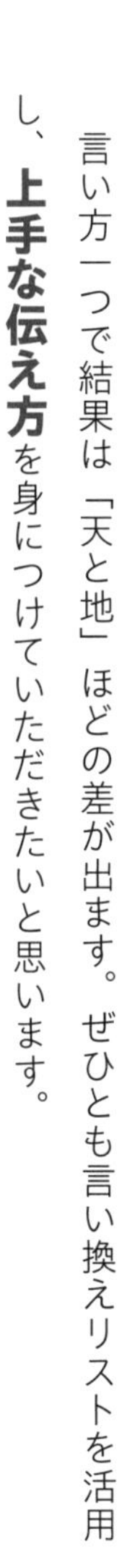

言い方一つで結果は「天と地」ほどの差が出ます。ぜひとも言い換えリストを活用し、**上手な伝え方**を身につけていただきたいと思います。

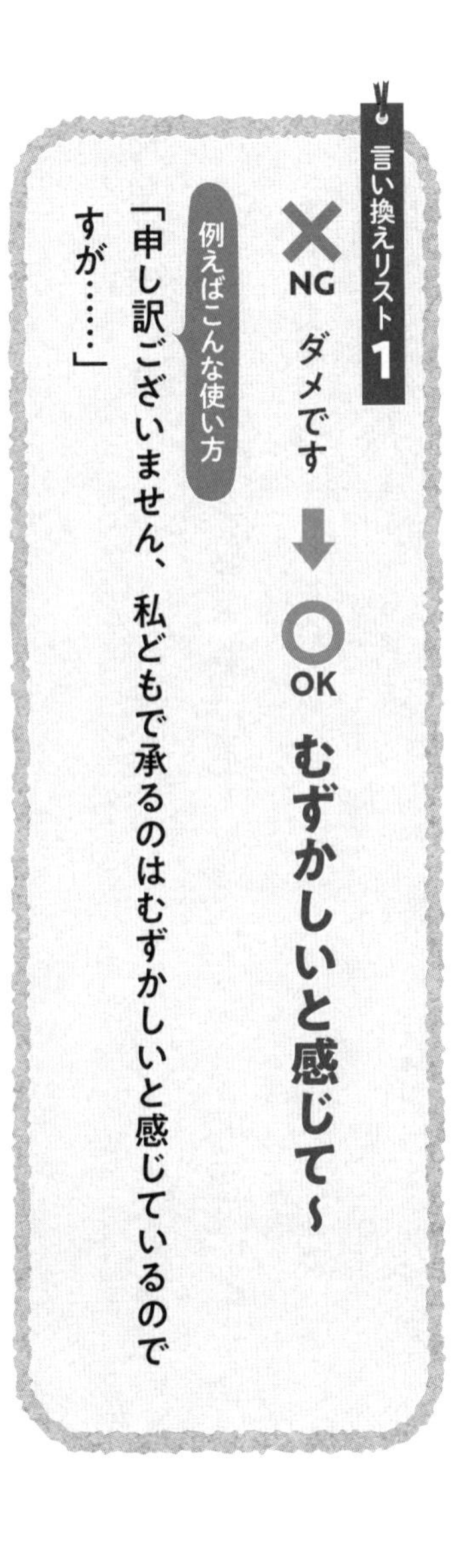

言い換えリスト2

✕NG　お断りします

↓

〇OK　**別のところに～**

例えばこんな使い方

「せっかくご持参いただいたのですが、私どもではちょっと自信がございません。
別のところにお持ちいただいたほうがよろしいかと存じますが……」

言い換えリスト3

NG
1週間もかかってしまいます
↓
OK
1週間ほどで〜

例えばこんな使い方

「1週間ほどででき上がります」

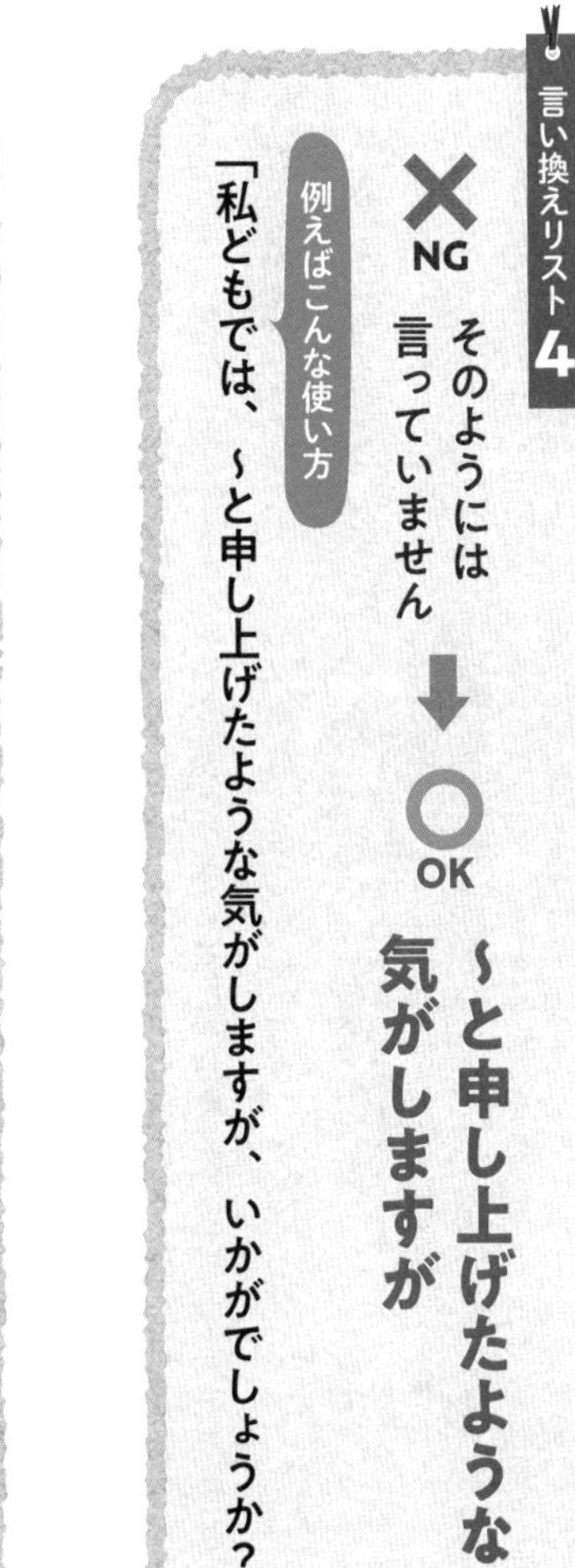

言い換えリスト5

NG
お待ちください

OK
少々お待ちくださいませ

OK
お待ちいただいてもよろしいでしょうか？

「〜してください」は指示調の言葉なので、**「命令されているようだ」と不満に感じる人も**います。その際には語尾に「ませ」をつけたり、「いかがでしょうか?」と**依頼調の言葉に置き換え**たりするだけで、だいぶ印象が変わります。

例えばこんな使い方

「申し訳ございません、10分ほどお待ちいただいてもよろしいでしょうか?」

言い換えリスト6

✕NG **後ほど、すぐに**

↓

○OK **1時間後に**

人によって解釈が違う**曖昧な表現はトラブルの元**です。誰でも同じ解釈になる**数字**を使いましょう。

例えばこんな使い方

「1時間後に私どもからお電話をさせていただきたいと存じますが、ご都合はいかがでしょうか？」

「○月△日の午前11時頃にお電話を差し上げたいと存じますが、ご都合はいかがでしょうか？」

言い換えリスト7

✕ NG **一応、返金させていただきますが〜**

↓

○ OK **返金させていただきたいと存じます**

NGの表現は「本来はこちらが悪くありません。でも仕方がないので、一応、今回は対応させていただきましょう」というニュアンスがにじみ出ています。「一応」といった**お気持ちに「引っかかる」言葉は避けて、素直に伝えましょう。**

例えばこんな使い方

「申し訳ございませんでした。
返金させていただきたいと存じます」

言い換えリスト8

✕NG 今まではそのようなケースは一度もございません

〇OK **今のところ、そのようなケースを私は存じ上げておりませんが……**

「一度もない」などと断言できないはずなのに、とても強い口調に聞こえてしまいます。クレームになったときには〝突っ込みどころ満載〟で危険な表現です。**「私は聞いたことがない」**のほうがソフトで信頼できる表現です。

例えばこんな使い方

「そうですか、～ということでございますね。
今のところ、私どもではそのようなケースを存じ上げていないのですが
……」

言い換えリスト9

NG
Aという氏名のものは弊社にはおりません

OK
Aはおりませんが、お差し支えないようでしたら～

「在籍していない」と答えただけでは、**お客様の問題を解決したことにはなりません。**
ビジネスでは、いつでもフォローする姿勢が必要です。

「もしかしたら、このような可能性があるのではないか」という**提案や支援の姿勢を示すことで、お客様の問題を解決に導けることも多々ある**のです。

例えばこんな使い方

「Aという氏名の従業員は私どもには在籍していないのですが、お差し支えないようでしたら、代わりにご用件を承りましょうか？私どもで対応できることでしたら対応させていただきますが……」

言い換えリスト10

✕ NG 本人には厳しく指導しておきます

○ OK **私の指導不足でございます。誠に申し訳ございませんでした**

本人に指導するのは当然ですが、それよりも、このような言葉を平気で返してしまう上司こそ、指導しないといけません。責任ある姿勢がまったく感じられません。

責任者による「他責（人のせいにする）」の言葉で、お客様からの信頼は一気に失われます。普段から「自責」の言葉を使うよう心がけましょう。

例えばこんな使い方

「販売員のミスでご迷惑をおかけいたしました。誠に申し訳ございませんでした。
上司である私の部下管理が十分ではなかったと考えています。
あらためて職場全員に指導徹底をはかりたいと存じます。申し訳ございませんでした」

言い換えリスト11

✕ NG お客様の勘違いではないでしょうか

◯ OK **私どもでは~と考えておりますが、いかがでしょうか**

お客様の勘違いであったとしても、ズバリの指摘はできるだけ避けましょう。

例えばこんな使い方

「販売員が『水洗いができる』と絵の表示（洗濯絵表示）を指差してご説明させていただいたということですね。ちょっと確認させていただいてもよろしいでしょうか？（洗濯絵表示を確認させていただく）お客様、洗濯絵表示を拝見いたしましたが、ドライクリーニングの表示があり、水洗いの表示には「×」がついているようですが、いかがでしょうか？

（お客様にご覧いただけるように絵表示を見やすいところに示す）
「×」となっていますので、私どもではドライクリーニングをおすすめしたように考えられるかと存じますが、いかがでしょうか？」

言い換えリスト12

NG　私の発言が誤解を与えてしまったとしたら

OK　**私の発言が誤解を与えてしまったということですね**

NGの「誤解を与えてしまったとしたら」という言い方は「私はそうは感じていませんが、お客様がそうおっしゃるのなら、仕方ありませんね」というニュアンスになってしまいます。これではお客様はさらに不愉快な気持ちになります。

お客様からしたら**「事実、『誤解を与えてしまった』のだから怒**

っているのだ」と言いたくなります。相手の気持ちに寄り添い、素直に認めましょう。

例えばこんな使い方

「私の発言が誤解を与えてしまったということですね。わかりやすい説明を十分にさせていただいたつもりでしたが、お客様には伝わっていなかったことがわかりました。大変申し訳ございませんでした」

言い換えリスト13

✕ NG
私のおわびがお気に召さないのでしたら、あらためておわびを

←

〇 OK
私のおわびでは、お客様におわびの気持ちを十分にお伝えできていなかったことがわかりました。誠に申し訳ございませんでした

お客様は「気に入らない」と明言しているのです。

NG表現では「そうであれば仕方がないのでおわびします」と言っているのと同じで、「炎上」の元になります。

例えばこんな使い方

「私のおわびでは、お客様におわびの気持ちを十分お伝えできていなかったことがわかりました。かえってお客様のお気持ちをご不快にさせてしまいました。

誠に申し訳ございませんでした」

言い換えリスト14

NG 大丈夫ですよ、ご安心ください

OK **ご心配をおかけしてしまい、申し訳ございませんでした**

「不安だ」とおっしゃっているお客様に、「大丈夫です」「安心してください」という**〝大ざっぱ〟な表現では、かえって不安感を増幅させてしまいます。**

まずは丁寧なおわびから入り、具体的な説明をして、お客様のご不安なお気持ちに寄り添うのが正解です。

例えばこんな使い方

「私どもの対応が不十分なことで、ご心配をおかけしてしまいました。誠に申し訳ございませんでした。あらためてお話を伺い、どのような対応ができるのかを検討させていただきたいと存じます」

第6章

具体的なケースで理解する、「お怒り対応」よくある6つの事例

実際にどのような流れで「お怒り対応」がおこなわれるのか、ありがちな6つのケースを取り上げて詳しく解説します。ＯＫ対応とＮＧ対応の両方を比べることで、お客様の感情がどのように変化していくのかが、より具体的につかめます。さっそく見ていきましょう。

事例 1

こちらのミス

お怒り内容

「指定した日時を過ぎても、まだ商品が届いていない！」

あるある度	●●●
イライラ度	●●●
悪質度	○○○
ハラハラ度	●●●

何があった？

配送伝票に「〇月6日配達日必着」という記載がないのに「届いていない」という電話があった。

お怒り対応ポイント

すぐに原因が判断できないクレームは、**基本的には「お客様が正しい」を前提に進める。**

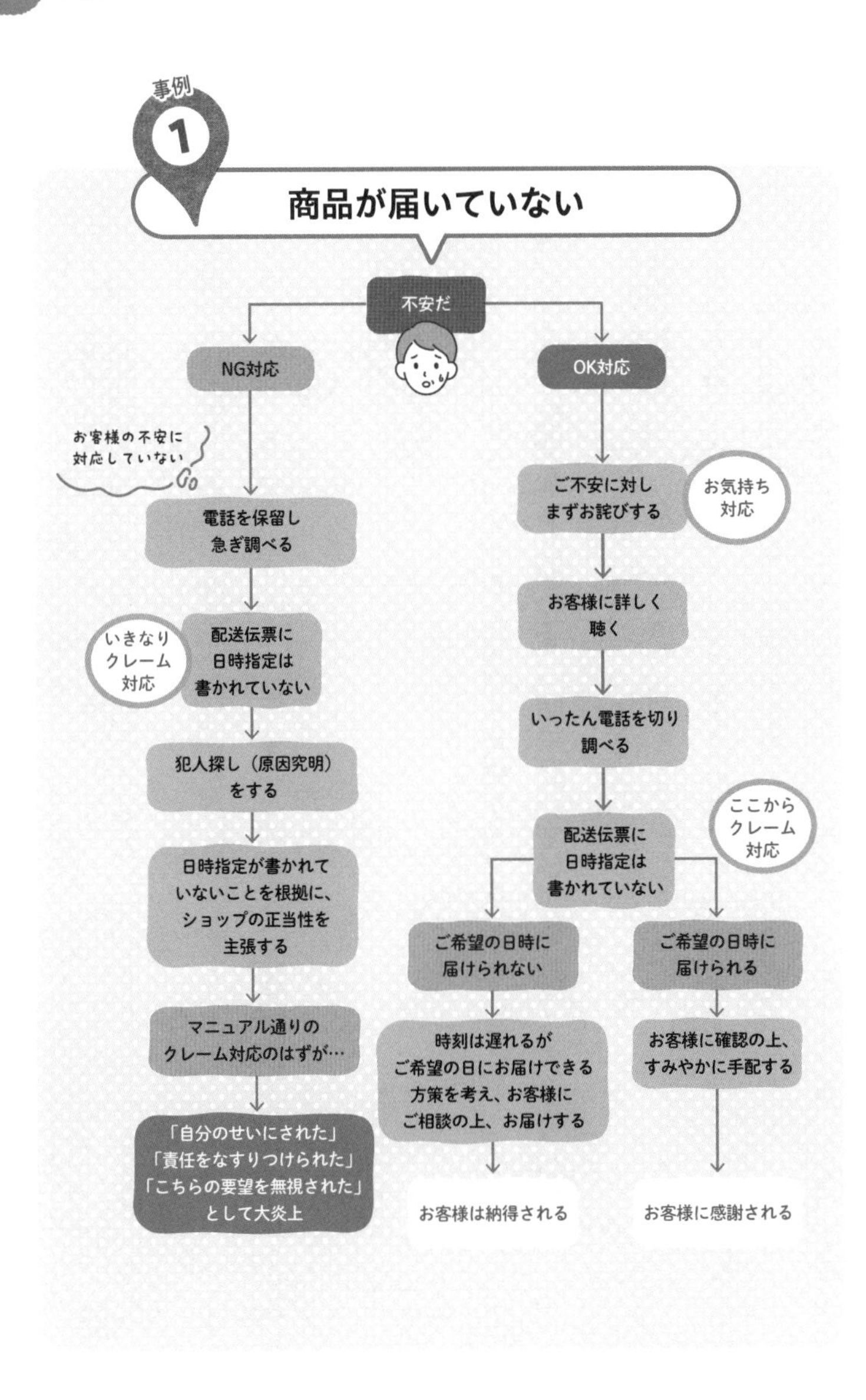
事例
1
商品が届いていない
不安だ
NG対応
OK対応
お客様の不安に
対応していない
電話を保留し
急ぎ調べる
いきなり
クレーム
対応
配送伝票に
日時指定は
書かれていない
犯人探し（原因究明）
をする
日時指定が書かれて
いないことを根拠に、
ショップの正当性を
主張する
マニュアル通りの
クレーム対応のはずが…
「自分のせいにされた」
「責任をなすりつけられた」
「こちらの要望を無視された」
として大炎上
ご不安に対し
まずお詫びする
お気持ち
対応
お客様に詳しく
聴く
いったん電話を切り
調べる
配送伝票に
日時指定は
書かれていない
ここから
クレーム
対応
ご希望の日時に
届けられない
ご希望の日時に
届けられる
時刻は遅れるが
ご希望の日にお届けできる
方策を考え、お客様に
ご相談の上、お届けする
お客様に確認の上、
すみやかに手配する
お客様は納得される
お客様に感謝される

OK対応

お客様は「不安」を感じてお問い合わせをされています。不安感を少しでも払拭できるように、**まずは丁寧に詳細を伺う**ことに専念しましょう。

場面1

❶ ○月6日の午後3時頃にお客様から電話がありました。**配送日指定で依頼をしたが指定日時に届いていない**というものでした。

こう伝えましょう

❶ **お客様が最初におっしゃった言葉を復唱**します。復唱することで「不安なお気持ち」と「ご不満の内容」を十分理解していることを示します。

お届する商品が現在どうなっているかを、担当者である自分の名前を告げて責任をもって調べることを力強くお伝えします。

「ご依頼いただいた商品が届いていない、ということですね。**ご心配をおかけして申し訳ございません。**

（まずは、不安なお気持ちにさせてしまったおわびのフレーズ）

○月6日の正午から午後2時までに配達させていただくお約束をしていたのに、本日6日の午後3時現在、まだ届いていないのですね。

ご迷惑をおかけしております。誠に申し訳ございませんでした。

（お客様のご不安とお怒りのお気持ちはわかっていますからね……を示すフレーズ）

私は△△ショップの高橋と申します。すぐに調べてご返事を差し上げたいと存じます。

恐れ入りますが、お買い求めいただいた際にお渡ししている、配送伝票の控えがお手元にございますでしょうか？」

（「手元にある」とおっしゃっています）

「配送伝票の控えの左上に書かれている伝票番号、お届け先のご住所・お名前・

お電話番号をお教えいただけますでしょうか？」

（お教えいただきました）

「ありがとうございました。

伝票番号は、×××-××××××ですね。ご住所は、○○市△△区◇◇◇ですね。お名前は□□□□様、電話番号は、000-0000-0000ですね。

ありがとうございました。

一つ、確認させていただきたいのですが……、配送伝票の控えの右側にお届け必着の欄がございます。そこに『○月6日必着』と書かれていますでしょうか？そして『正午から午後2時の時間帯に必着』のところに大きく○が書かれておりますでしょうか？」

（「何も書かれていない」というご返事をいただきました）

「ありがとうございました。

さっそく、**私どもでお届け状況を調査させていただきます**」

（お客様が少しでも安心できるように対応策をお伝えします）

「その結果を、**15分後にご連絡したいと存じますが、ご都合はいかが**

でしょうか?」

（お待ちいただく時間を明確に伝えます）

（「15分くらいでしたら待っています」とおっしゃっていただけました）

「ありがとうございます」

場面2

❷配送伝票の控えには、「○月6日の正午から午後2時の時間帯に必着」ということが書かれておりませんので、配送商品は通常のお届けのペースで流れています。

宅配会社に確認すると、このままでは明日7日の午後のお届けになってしまう、とのことでした。

こう対応しましょう

❷配送伝票に「必着日時」が書かれていないことが指定日に届いていない原因であることがわかりましたが、どちらのミスなのかを究明することよりも、**お客様が要**

望している日に届けるにはどうしたらよいのかを考えます。

宅配会社に問い合わせをして、本日のお届けができるかどうかの確認をしてみます。

回答A **宅配会社に問い合わせると、ご要望の日に「お届けできる」と言われた場合**

回答B **宅配会社に問い合わせると、ご要望の日には「お届けできない(明日の午後になる)」と言われた場合**

場面3

回答A **ご要望の日にお届けできる**

こう対応しましょう

❸ お客様に連絡を入れます。日付指定について決着をつけたいところですが、そこには触れず、まずはご要望の時間帯にお届けできなかったことを、あらためておわび

します。

次に、〇月6日の指定日にお届けできることをお伝えします。

同時に、午後8時頃のお届けになってしまうことのご了承をいただきます。

こう伝えましょう

❸「□□様のお宅でしょうか。私は△△ショップの高橋でございます。
今、電話でお時間をいただいてもよろしいでしょうか？」

（「今は時間があるから構いません」とご返事がありました）

「先ほどはご連絡をありがとうございました。

このたびは、ご要望にお応えすることができず、ご迷惑をおかけいたしました。誠に申し訳ございませんでした。

（おわびからスタートするとスムーズに進みます）

私どもが配送依頼をしている宅配会社に問い合わせしましたところ、『何とか、本日〇月6日の午後8時頃までにお届けできる』と返事をもらいました。

本来でしたら、正午から午後2時までの時間帯にお届けしなければいけないところ、遅くなってしまい、誠に申し訳ございません。ご都合はいかがでしょうか？」

（「本日中だったらいいですよ」とご了承いただきました）

「ご配慮いただきありがとうございました」

（ご了承いただいたお礼を言葉で伝えます）

「それでは本日の午後8時までにお届けいたしますので、よろしくお願いいたします。

何か不都合なことがございましたら、ご遠慮なくお申し付けくださいませ。

私は、△△ショップの高橋と申します。それでは、これで失礼いたします。」

（最後に必ず名前を伝えます。「不都合があれば責任もって対応します」という宣言になります）

場面3

回答B ご要望の日にはお届けできない

❹ご要望の日にお届けできず、明日の正午ごろになってしまうとの回答でした。
お客様に結果を伝えなければなりません。

責任者に相談してみることにしました。

こう対応しましょう

❹ 6日中のお届けは無理という返事なので、ショップの責任者に相談すると、ご購入いただいた商品と同じ物をスタッフが直接お客様にお届けするよう指示がありました。

その指示通り、お客様にお伝えします。

（現在配送中の商品と同じものを、売り場や倉庫から探してお渡しします。そのため、後日同じ商品が宅配会社から二重に届くことがないよう、宅配会社に連絡します）

お客様に報告する際には、まずはおわびから入ります。

こう伝えましょう

❹ 本日中にスタッフが午後8時頃に直接お届けすることを伝えます。ご要望通りの時間帯にお届けできなかったことをおわびします。

「□□様のお宅でしょうか。私は△△ショップの高橋でございます。

今、電話でお時間をいただいてもよろしいでしょうか？」

（「今は時間があるから構いません」とご返事がありました）

「先ほどはご連絡をありがとうございました。

このたびは、ご迷惑をおかけしてしまい、誠に申し訳ございませんでした。

ご要望の時間帯からは遅れてしまい申し訳ございませんが、今から私が直接、お客様のご自宅にお届けに上がりたいと存じますが、ご都合はいかがでしょうか？」

（「本日届けてくれるのなら待っています」とご承諾いただきました）

「ご配慮を賜り、ありがとうございます。

それでは、ただ今からショップを出ますので、お届けできる時刻は、1時間後の午後8時頃になってしまうと思われます。どうぞよろしくお願いいたします」

ハッピーな結末

積極的に行動し誠意を見せると、ご理解いただけるものです。

配達時刻は遅れてしまいましたが、お客様のご要望である本日中にお届けすることができました。

訪問時に丁重なおわびとお礼の言葉をお伝えしました。

お客様から感謝の言葉もいただき、**「またお店を利用したい」**とおっしゃっていただけました。

NG対応

場面4

お客様は「不安」を感じてお問い合わせをされているのに、「不安」に耳を傾けず、**急ぎ「事実確認」をしてしまいました。**

「日時指定を依頼された・されていない」のどちらに責任があるのか？**『犯人探し』に傾注してしまい、お客様が困っている問題の解決を後回しにしてしまいました。**

やってしまいがちな残念な対応例

❺ 指定日時の必着が書いてないことを根拠に「お客様から必着のご依頼がなかった」と決めつけてしまいました。ショップ側に責任はないとばかりに、事実だけを伝えて体よく丁重に、丁寧に、ソフトにお断りしてしまいました。

こう伝えてしまいました

❺ 「□□様のお宅でしょうか。私は△△ショップの高橋でございます。
今、電話でお時間をいただいてもよろしいでしょうか?」

(「今は時間があるから構いません」とご返事がありました)

「先ほどはご連絡をありがとうございました。

ご依頼いただいた商品のお届けの件でございますが、配送伝票の控えを確認したところ、必着の項目のところに何も書かれておりませんでした。先ほどの電話でお客様におたずねした際にも何も書かれていないというご返事をいただいております。ということは、お客様からお届けの日時指定のご依頼はなかったと考えられるのですが……。

商品は、明日の7日の午後にはお届けできるかと存じますが……」

(丁重な口調でソフトに伝えたつもりですが「それでは困る!」と、お客様と言い争いになってしまいました)

「私どもでは、ご依頼いただいた場合は必ず配送伝票に必着日時を書きます。
□□様のお控えにも書かれておりませんので、お届け日時のご依頼をいただいていないとしか考えられないのですが……」

（「スタッフは間違いなく日時指定通りに届くと言っていた。冗談じゃない、本日中に届けてほしい」とお怒り口調で強く要望してきました）

なぜこの対応はいけないのか？

5 たたみかけるような説明の仕方は、相手を追い詰めることになります。

そもそも「お届け日時の依頼をお客様から受けていなかった」という前提で、一方的に調査結果を伝えています。そのために、スタッフの説明が一方的な「事実」のたたみかけになっているのです。このことが、お客様を追い詰めてしまう結果になってしまいました。お客様の「不安」を煽（あお）ることになり「お怒り」につながってしまいました。

本来は、ご連絡をいただいた直後に、このお客様の接客をしたスタッフにそのときの事情を聴き、事実関係を確実にしておかねばなりません。決めつけや断定で説明することは厳禁です。

しかも、購入時にスタッフから「6日に届く」と言われたと信じているお客様は、自分は間違っていないことに自信を持っています。

スタッフの高橋さんは、配送伝票の控えに書かれていないことの一点だけで**決めつけて説明**してしまいました。

しかも、「私どもでは……」と、**ショップ側の一方的な理屈**で説明してしまったことで、お客様の「お怒り」に火がついてしまいました。

自分の言い分を「全否定された」ことで怒りが爆発！　しています。

事実かどうかよりも、電話の相手である**スタッフが自分の話を信用してくれないという「今起こっている出来事」に対して、お客様は怒っている**のです。

さらにNG対応

場面5

さらに、こう伝えてしまいました

❻ お客様は怒り出して「責任者に代わってほしい」と、おっしゃってきました。

クレーム対応は受けたスタッフが最後まで応対することが原則ですが、今回のように**トラブルに発展してしまったときには、別の人に応対を代わってもらうのも原則**です。

「□□様、私どもでは、お客様からのお申し出を受けた者が最後までご応対をさせていただくようになっています。このまま、私が続けさせていただきますのでご了承くださいませ」

なぜこの対応はいけないのか？

❻お客様とのお話し合いが決裂しても構わないと覚悟している状況のときは、断定口調でお伝えすることがありますが、通常のお話し合いでは断定口調は避けなければなりません。

特に、**調べ切れていないときは、断定口調は絶対に避けなければいけません。**トラブルの元です。

たとえ、お客様に責任があったとしても、ショップ側にほとんど損害・実害がないようなことであれば、**「原因や間違いがどちらにあるのか」ではなく、まずは問題を解決するためにはどのようなことができるのかを検討すべき**です。

仮に、入念に事実関係を調べた結果、**お客様の落ち度であることがわかったとしても、お客様にあからさまに「恥」をかかせてはいけません。「恥ずかしい思いをさせられた」事実が、お客様のお怒りに発展する**のです。

残念な結末

❻ スタッフの高橋さんが事実の確認を十分にせずに、思い込みや決めつけで主張し続けてしまったことが、トラブルを大きくしてしまいました。

その後に、当日接客したスタッフの佐藤さんに確認したところ、佐藤さんの記載忘れだったことが判明しました。結局、責任者が直接商品を持参することになりましたが、お客様のお怒りは大きく、叱責は1時間ほど続いたそうです。

注意点

お客様のお申し出やお問い合わせに対して、特に「NO!」を伝えるときは、事実関係を十分に収集し、「確証」をつかんでからにしましょう。

自分の判断や思い込みで勝手に回答をしてしまうことは避けましょう。

注意したいのは、このような行動をとるのは、**新人よりも、むしろベテランに多い**ことです。

自分の経験だけで「ありえない」「絶対にこうだ！」と断定・思い込みをして行動してしまうことが少なくありません。普段から「思い込みで対応しない」よう、職場でも周知徹底しましょう。

お客様と議論するのもNGです。一度議論を始めてしまうと、終えることができなくなってしまいます。

スタッフ自身が「引くに引けなくなってしまった（なりそうだ）」と感じたとき、あるいは、このまま応対を続けていくとトラブルになりそうだ、と感じたときは、すぐに**別のスタッフに応対を代わってもらう勇気**を持ちましょう。そのような風土を醸成しましょう。

微妙な案件（スタッフのミスかもしれないが……）

お怒り内容

「このベッドの上に掛ける『マルチカバー』を床に敷いても大丈夫だと言っていたから買ったのに、床に敷いたらズルズル滑るじゃないの、すごくイライラする！」

あるある度	●○○
イライラ度	●○○
悪質度	●●●
ハラハラ度	●●●

何があった？

「確認して『大丈夫』と言われたので買った『マルチカバー』を実際に自宅で使用したらズルズル滑って使用できなかった」ということでクレームをいただきました。

納得していただけなかったお客様にスタッフがご返金を申し出ると「すすめておいてそんな無責任なことはないでしょう。どうにかして滑らないようにしなさいよ！」と要求してきました。

お怒り対応ポイント

お客様にわかりやすくご説明しました。お客様もご納得いただけたようです。

その上でお買い上げいただいたと感じています。

しかし、「質問がなかったから」といってお客様が十分理解しているとは限りません。

質問したくてもどう質問したらよいのかわからないお客様もいらっしゃいます。

お客様とのやりとりから、お客様のご要望を見極めた上で、

- **より詳しい説明ができる**
- **押し付けや押し売りにならない程度に、プラスアルファーのアドバイスができる**

このようなスタッフが最高の販売員です。

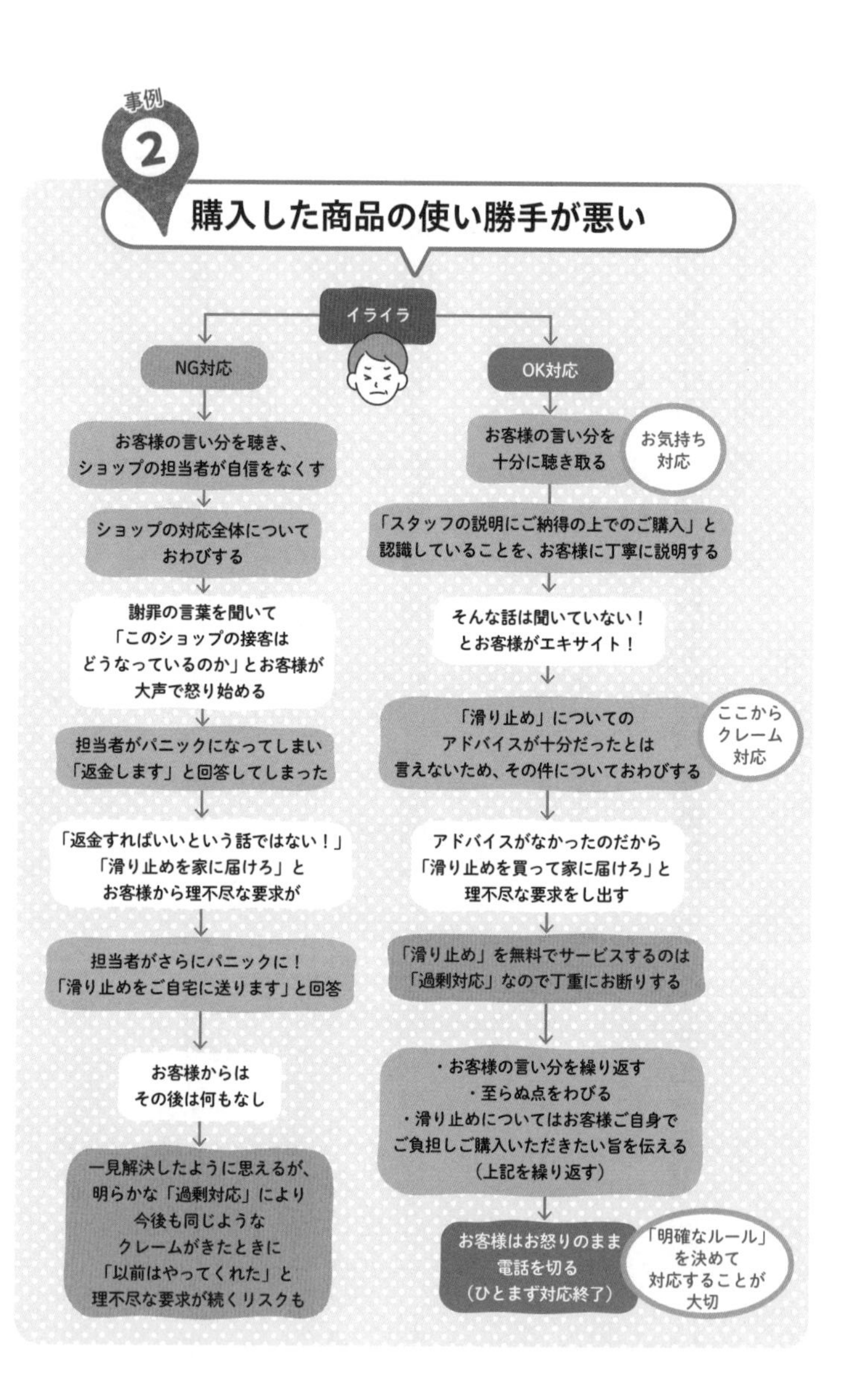
事例
2
購入した商品の使い勝手が悪い
イライラ
NG対応
OK対応
お客様の言い分を聴き、
ショップの担当者が自信をなくす
ショップの対応全体について
おわびする
謝罪の言葉を聞いて
「このショップの接客は
どうなっているのか」とお客様が
大声で怒り始める
担当者がパニックになってしまい
「返金します」と回答してしまった
「返金すればいいという話ではない！」
「滑り止めを家に届けろ」と
お客様から理不尽な要求が
担当者がさらにパニックに！
「滑り止めをご自宅に送ります」と回答
お客様からは
その後は何もなし
一見解決したように思えるが、
明らかな「過剰対応」により
今後も同じような
クレームがきたときに
「以前はやってくれた」と
理不尽な要求が続くリスクも
お客様の言い分を
十分に聴き取る
お気持ち
対応
「スタッフの説明にご納得の上でのご購入」と
認識していることを、お客様に丁寧に説明する
そんな話は聞いていない！
とお客様がエキサイト！
「滑り止め」についての
アドバイスが十分だったとは
言えないため、その件についておわびする
ここから
クレーム
対応
アドバイスがなかったのだから
「滑り止めを買って家に届けろ」と
理不尽な要求をし出す
「滑り止め」を無料でサービスするのは
「過剰対応」なので丁重にお断りする
・お客様の言い分を繰り返す
・至らぬ点をわびる
・滑り止めについてはお客様ご自身で
ご負担しご購入いただきたい旨を伝える
（上記を繰り返す）
お客様はお怒りのまま
電話を切る
（ひとまず対応終了）
「明確なルール」
を決めて
対応することが
大切

OK対応

スタッフの説明を十分聴き、お客様ご自身でご納得の上ご購入いただいたはずであることを丁寧にご説明しました。

『滑り止め』について、もう少し親身になってアドバイスしてほしかった」というお客様のお言葉に対して、丁重におわびしました。

「アドバイスがなかったので『滑り止め』をサービスしなさい」というお客様の要求には、**丁寧な口調ながらも毅然とお断りしました。**何度もしつこく言ってきましたが、その都度ソフトに丁寧にお断りしたところ、お客様は不満そうに電話を切ってしまいました。

場面1

❶ソファーやベッドに掛けて使用する「マルチカバー」について、お客様がスタッフの小林さんにたずねてきました。

「このマルチカバーは、床に敷いても大丈夫よね」

小林さんは「大丈夫ですが、ただ、床に敷くためのものではないので、マルチカバー1枚だけでなく、何か滑り止めのようなものをその下に敷かないと滑ってしまいますよ」とやや否定的にお伝えしたのですが、お客様はそのまま買っていかれました。

後日、マルチカバーをご購入されたお客様からクレームの電話が入りました。

「床に敷いたらズルズル滑るじゃないの、すごくイライラする！」とおっしゃっています。スタッフの小林さんからすると、ややモヤッとするケースです。

こう対応しましょう

❶ まずは、お客様の言い分を十分に聴き取ります。 お客様が言い終えたら、穏やかな口調で説明しましょう。ご購入いただく際にお客様からご質問をいただき、わかりやすくご説明させていただいたことを覚えています。お客様は説明にご納得の上、ご購入いただいたと認識していることをお伝えします。

さらに、すでにご使用いただいているため商品としての価値はなくなっていることもお伝えしないといけません。

「このままお使いいただきますよう……」と、ソフトな口調で説明するしかありません。しかし、お客様はまったく受け入れてくださる気配がありません。

こう伝えましょう

❶「そうですか……、床に敷いてお使いになられたのですね。しかし、ズルズルと滑ってしまい、使いにくいということですね。

（お客様からのお申し出をそのまま『繰り返し』ます）

お客様、お言葉をお返しするようで申し訳ございませんが、お買い上げ時にお客様からおたずねを受けて、私はこのマルチカバーは床に敷くものではないとご説明させていただいたと認識しております。それでも床でご使用したいということであれば、さらに下に滑り止めのようなものを敷かないと滑ってしまうこともご説明させていただきましたが……。

私どもでは、お客様がご納得・ご了承をいただいた上でご購入いただいたと考えておりますが……」

場面2

2 お客様は「何言っているの、そんな話は聞いていない！」と言い出し、エキサイトしてきました。

「説明したのなら、床に敷く『滑り止め』についてどこで売っているのか、どのようなものがよいのかアドバイスしてくれてもいいじゃないの」と主張しています。

スタッフの小林さんは、**「滑り止め」についてのアドバイスがなかったことについては丁重におわびしました。**

スタッフがおわびしたことで、お客様はさらに理不尽な要求をしてきました。

「ショップで適切な『滑り止め』を買って、私の自宅に持ってきなさいよ。そのくらいのことをしても罰(ばち)が当たらないでしょう」と要求しました。

こう対応しましょう

2 お客様がエキサイトしたままの状態で応対を続けることはマイナスでしかありません。まずは**お客様のお気持ちを和らげることに注力**します。

そのためには、お客様から何を言われても、否定・反論することなく、お客様のお話を疑うことなく、そのまま受け入れるようにします。

お客様の言い分が正しいかどうかは少し横に置きます。

お客様は「スタッフの小林さんがアドバイスをしてくれなかった」ことに不満を持っています。お客様からおたずねがなかったのでアドバイスをしなかったのですが、確かに教えて差し上げたほうが親切だったかもしれません。

「お気持ち対応」の観点から丁重におわびしましょう。

ただし、積極的に教えて差し上げなかったことは、接客上「大きな問題があった」とまでは言えません。

そういうことからすると、ショップ側で**「滑り止め」を無料でサービスするのは過剰対応**になります。アドバイスがなかったことについては、丁重に謝罪するとしても「滑り止め」については、毅然とお断りしないといけません。

（一言付け加えるという「付加価値」を提供することが、何倍もの信用につながることだけは認識しましょう）

こう伝えましょう

❷「申し訳ございません。『滑り止めが必要』と言うのであれば、『どのようなものがよいのか、どこで販売しているのか』といったアドバイスがあってもよかったのではないか、ということですね。

（お客様の言い分を繰り返すことで、「お客様のお気持ちはわかります」とお気持ちに寄り添った姿勢を示しています）

たしかに、気が利かない対応だったと反省しております。失礼いたしました。あらためておわび申し上げます。

（ショップのミスだから責任がある、と認めたわけではありません。気遣いができなかったことで、お客様にご不快な思いをさせてしまったことをおわびしているだけです）

ただ、大変申し訳ございませんが『滑り止め』についてはお客様ご自身のご負担でお買い求めいただきたいと存じます。ちなみに、私どものショップのそばに『滑り止め』を販売しているショップがございますが……」

結末

「そんな対応しかできないのか？」とか「それはおかしい」としばらくお一人でお話しされていましたが、スタッフの小林さんが『滑り止め』についてはお客様ご自身で、と毅然とした姿勢でお断りしましたので、とうとうあきらめて電話を切ってしまいました。その後は何も言ってきません。

✕ NG対応

場面3

❸お客様は「そんな説明は聞いていない。そんなことを言うのなら、どのような『滑り止め』がいいのか？　どこで販売してるのか、そのくらいのことを親切にアドバイスしてくれるのが当然なのでは？」とおっしゃっています。

こんな対応をしてしまいました

❸お客様は説明を聞いていない、とおっしゃっています。

この時点でスタッフの小林さんの心の中では、不安な気持ちが急激に大きくなってきました。

「たしかに、おたずねを受けていれば対応をしたと思うが、質問がなかったので『滑り止め』について積極的にアドバイスをしなかった。振り返ってみると、自分の接客が不親切であったことは間違いない。もう少しお客様の立場になって接客していればお客様にご満足いただけただろうし、今回のようなトラブルにはならなかったのではないか。自分のミスだ」と自分自身を責めるような気持ちになってしまいました。

そのような自信のない気持ちのままお客様とお話を続けてしまいました。

こう伝えてしまいました

③「そうですか、十分な説明がなかったということでございますね。申し訳ございません。さらに、『滑り止め』が必要とアドバイスを受けたのに、どのようなものがよいのか、どこで販売しているのか、教えてほしかったということですね。

申し訳ございませんでした。おっしゃる通り、気が利かない、不親切な応対をしてしまいました。おわび申し上げます。反省しております」

場面 4

④スタッフの小林さんがおわびしたことに意を強くして、お客様は「サービス精神

がなさすぎる」と言い始めました。『滑り止め』の説明も受けていないし、どのようなものがいいのかのアドバイスすらない、このショップの接客はどうなっているのか」と大声で怒鳴り始めました。

　スタッフの小林さんはますます頭の中が混乱してきました。そして、お客様の強い叱責で自分を見失ってしまい、「返金対応する」と伝えてしまいました。

　ところが、お客様は「あなた、返金すれば済む問題ではないでしょう?」とさらに強く攻勢をかけてきました。お客様は「買った『マルチカバー』に合う『滑り止め』をショップで準備して自宅に配達するくらいのサービスをしなさい」と迫ってきました。

こんな対応をしてしまいました

❹ 不安に駆られ、自信をなくしてしまったスタッフの小林さんが「返金する」と回答してしまったことで、知らず知らずのうちに、お客様が勢いづいてしまったようです。勢いはますます大きくなっています。
　小林さんは、お客様の勢いに負けてしまい、どのように応対すればよいのかわから

なくなってしまいました。

どのように応対すればよいのか悩んでしまったら、すぐに上司・先輩に『SOS』を発信して応対を代わってもらいましょう。

お客様の質問に丁寧に回答し、ご納得してくださった上で購入したという事実は動かしがたいものです。本来であれば、お客様がいくらお怒りだろうが、**理不尽なお申し出に気を遣うことなく、丁寧に、丁重に、ソフトに、堂々とお断りをすべき場面**です。

しかし、勢いに負けてしまいスタッフの小林さんは自分を見失ってしまったのです。

結局、滑り止めを手配してお客様にお届けする約束をしてしまいました。

この約束は「過剰サービス」といえます。

こう伝えてしまいました

❹「お客様、申し訳ございませんが、それでは今回は『マルチカバー』のご返金ということでいかがでしょうか？」

(「何言っているの、その返金するってどういう意味なの？ だいたい返金すれば済む問題じ

やないでしょう。おかしいじゃないの……」と言ってきました。小林さんは完全にパニック状態になってしまいました）

「お客様、それでは、私どものほうで滑りにくくなるような『滑り止め』をご用意させていただきます。恐れ入りますが、お客様のご住所・お名前・お電話番号を教えていただけますでしょうか……」

結末

❹ 結局、お客様の強引な「要求」に押され続けてしまい、自分を見失ってしまったスタッフが滑り止めを手配しました。そして後日、お客様に電話を入れて、滑り止めをご自宅にお送りしました。お客様からはその後は何も言ってきません。

なぜいけないのか？

ショップ側に「大きな問題がない」のであれば、自信を持ってお断りすべきです。

でなければ、**「ここのショップは、強引にしつこくクレームを申し出れば、どんな要求でも受けてくれるようだ」**と一人のお客様に印象付けてしまうからです。その後は何度でも同じような要求をしてくることになります。友人や知り合いにも情報を拡散してしまったら、大変なことになります。

「そんなことは心配ない、次にご来店されて同じようなことを要求されたら、きっぱりお断りすればよい」などと安易に考えていると失敗します。

お客様からの理不尽な要求にお断りの対応をしたとしても「そんなこと言ったって、この間はやってくれたじゃないの」と粘られます。

「先日は特別に応じただけであり、一回限りであることを伝えたはずですが……」などと言っても「前回できたのなら今回だってできるでしょう。できることをしないというのはおかしいじゃないの」と永遠に要求されることになります。

何より、「すべてお断りすること」が規則なのに、**今回のお客様だけ特別待遇をしてしまった、ほかのお客様よりも優遇してしまった、という事実**が明るみに出たら、ショップの信用は失墜します。それこそ多くのクレームが舞い込んでくることになります。

注意点

しつこいお客様にはスタッフもしつこくお断りするという「タフさ」が求められます。

そのため、「自信を持ってお断りをするように」といった規則をショップ・企業側で定めて**全員に徹底しておく**ことがとても重要です。最前線で働くスタッフの皆さんにとっては、「明確なルール」は大変心強いものになります。安心して（自信を持って）クレームの応対ができます。

お怒り内容

「開店早々の10時7分に売場に着いたけど、1000円の皮革製の財布が完売とはどういうこと？　販売員の話では10時3分に完売したらしいじゃないの！　準備数が5点というのは少なすぎる！」

あるある度
イライラ度
悪質度
ハラハラ度

何があった？

ＡＢ百貨店は「特別セールの本日だけの超目玉商品」として、女性用の皮革の財布を１０００円という破格値で５点準備してチラシ広告にも掲載しました。チラシ広告の成果なのか、当日は、10時の開店と同時に多数のお客様が殺到して、たったの３分で５点完売してしまいました。

当日の夕方にお客様から電話をいただきました。

「10時7分に財布の売場に行ったけれど、販売員から『超目玉商品の財布は3分で売り切れになった』と言われた。準備数があまりにも少なすぎるのではないか？」とご指摘をいただきました。

お怒り対応ポイント

クレームのお申し出をするときのお客様は「AB百貨店は自分の言い分をきちんと理解して素直におわびしてくれるはずだ」という**思い込み**を持っています。

お申し出の時点では、AB百貨店からの説明や解説などほしいとは思っていません。言い訳のような言葉を聞くと、かえって不愉快に感じます。

今は、「気分よく邪魔されずに」文句を言いたい、というお気持ちでお申し出をしています。 お申し出のお客様が、このようなお気持ちを持っていることを認識しないといけません。

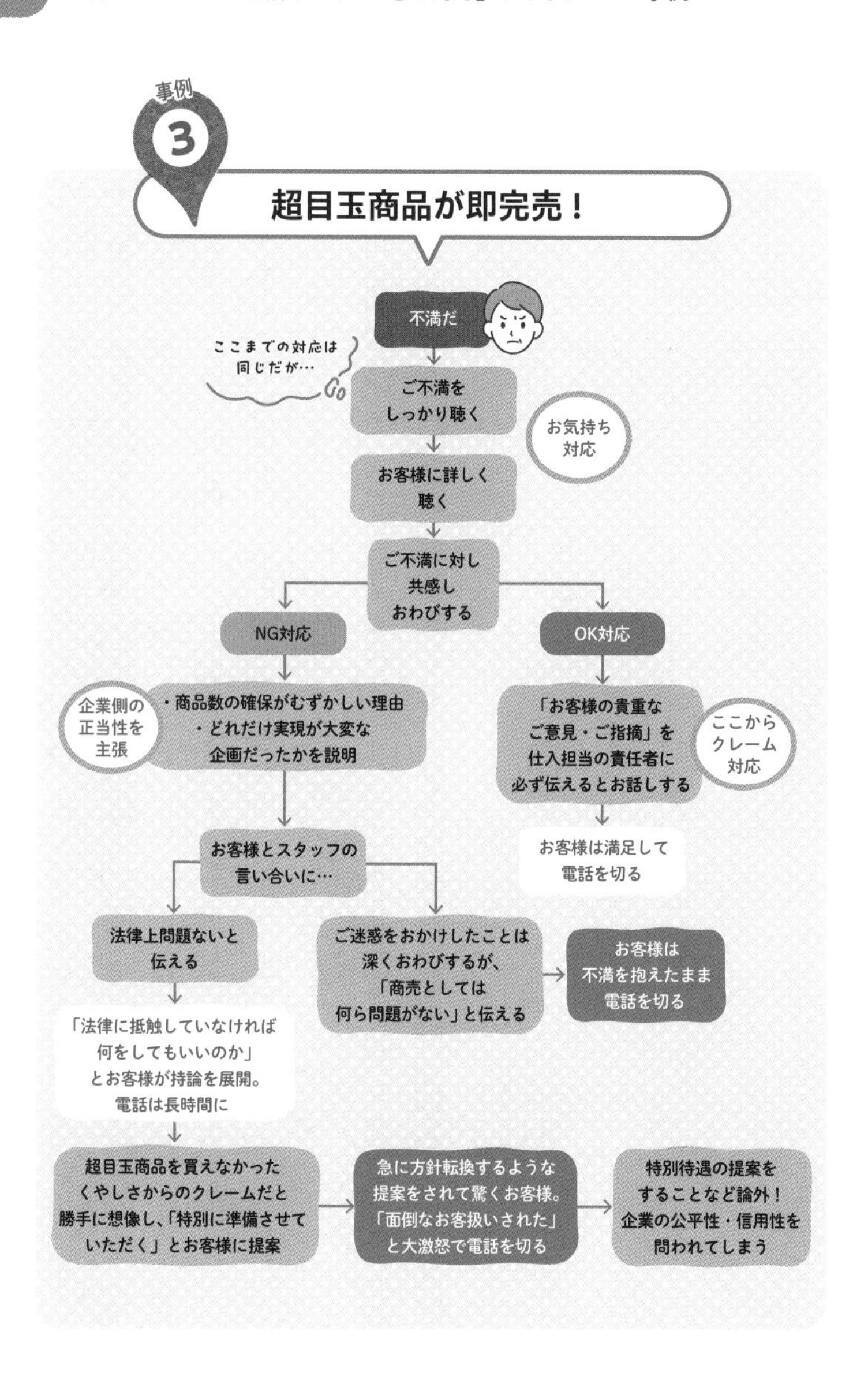
事例 3
超目玉商品が即完売！
不満だ
ここまでの対応は同じだが…
ご不満をしっかり聴く
お気持ち対応
お客様に詳しく聴く
ご不満に対し共感しおわびする
NG対応
OK対応
企業側の正当性を主張
・商品数の確保がむずかしい理由
・どれだけ実現が大変な企画だったかを説明
「お客様の貴重なご意見・ご指摘」を仕入担当の責任者に必ず伝えるとお話しする
ここからクレーム対応
お客様は満足して電話を切る
お客様とスタッフの言い合いに…
法律上問題ないと伝える
ご迷惑をおかけしたことは深くおわびするが、「商売としては何ら問題がない」と伝える
お客様は不満を抱えたまま電話を切る
「法律に抵触していなければ何をしてもいいのか」とお客様が持論を展開。電話は長時間に
超目玉商品を買えなかったくやしさからのクレームだと勝手に想像し、「特別に準備させていただく」とお客様に提案
急に方針転換するような提案をされて驚くお客様。「面倒なお客扱いされた」と大激怒で電話を切る
特別待遇の提案をすることなど論外！企業の公平性・信用性を問われてしまう

OK対応

お客様の山田様が、電話でAB百貨店にクレームの申し出をしました。

電話を受けた販売員の佐藤さんは、反論や言い訳をせずに丁重におわびしながら、お客様のご不満を素直に拝聴してお気持ちに寄り添うようにしました。

山田様のお話をもっともなことだと感じた販売員の佐藤さんは、お申し出を**「貴重なご意見・ご指摘」と認識して、仕入担当の責任者に伝えることを約束**しました。

ご不満なお気持ちで電話をしてこられた山田様は、すっきりしたお気持ちで電話を切りました。

場面1

❶ 夕方に、山田様と名乗るお客様からクレームの電話をいただきました。

「本日だけの超目玉商品」をチラシ広告で見て、1000円の女性用の財布を購入しようとＡＢ百貨店に行きました。10時7分に売場に着いたのにすでに売り切れとなっていました。そのときの売場の販売員が「10時3分には完売した」と自慢げに話をしていたそうです。

山田様は、今回の企画について苦言を呈してくださいました。

「チラシ広告には『準備数5点』とは書かれていたけれど、『本日だけの超目玉商品』と銘打って広告に掲載しているにもかかわらず、商品準備数が5点というのは、あまりにも少なすぎるのではないか。いろいろな考え方があることは承知しているが、午前中に来た客が購入できるくらいの**数量を準備した上で、チラシに掲載してもよいのではないか。**これではまるで『おとり商品』のように感じてしまう。一流百貨店としての信用に傷がつくような売り方だと思う」とおっしゃっています。

OK対応

こう対応しましょう

❶ 電話を受けた販売員の佐藤さんは、お客様の山田様のおっしゃる通りだと感じて、おわびしました。

たしかに、破格の値段の皮革製の財布です。佐藤さんは、もっと準備数を多くしないといけないとも感じました。お客様のお気持ちが痛いほどわかりましたので、お客様のご不満を素直に受け入れながら、何度もおわびしました。

山田様の貴重なご意見を、仕入担当の責任者に確実に伝えますと返したことで、山田様はご納得くださいました。

こう伝えましょう

❶ 「そうですか、ご迷惑をおかけいたしました。わざわざ、朝、開店と同時にご来店くださったにもかかわらず、広告に掲載した皮革製の財布をお買い求めい

ただけなかったということですね。申し訳ございませんでした」

（「準備数が少な過ぎる」とおっしゃっています）

「そのようなことがあったのですね、失礼いたしました。

山田様のおっしゃる通り、準備数をもっと多くしてもよかったのかもしれませ・・・・ん。

（「準備数を多くしないといけなかった」と回答するとAB百貨店のミス・責任を認めることになってしまいます。今の時点では認めてはいけません。お客様のお気持ちもわかるし、こちらの事情もあって、こうなったのです。こちらもできる限りのことをした上のことであり、ミスとは言えないし、いわんや責任あるとは言えないのです……という意味合いを含めた言い方が『かもしれません』という表現です）

チラシ広告には準備数がわかるように記載していましたが、ご覧になった多くのお客様はこの財布を目指して、朝一番に売場にお越しになるのは当然です。

本日は、お客様からの貴重なご意見・ご指摘を伺いましたので、仕入担当の責任者に間違いなく伝えておきます。本日は誠に申し訳ございませんでした」

結末

山田様は、**買えなかったくやしさ**と**準備数が少なかった不満**を思い切り販売員の佐藤さんに話すことができたので、ある程度すっきりしたようです。

さらに、クレームを申し出たことを佐藤さんが「貴重なご意見・ご指摘」と認識してくれて、さらには仕入担当の責任者に伝えると力強く言ってくれたことで大いに満足しました。最後は「よろしくね」とおっしゃって電話が終わりました。

NG対応

特別セールの商品の準備数が5点であったため、開店後3分で完売してしまいました。百貨店に朝一番に入って、10時7分に売場に到着しても買うことができなかったことに不満を感じたお客様の山田様は、クレームを申し出ました。

「準備数が5点は少な過ぎる。10時7分に売場に到着しても買えないなんて、まるで『おとり商品』としか思えない。午前中に行っても買えるくらいの数をどうして準備しなかったのか？」とおっしゃっています。

電話を受けた販売員の佐藤さんは、まずはお客様の山田様の言い分を聴く姿勢を取り、丁重におわびしました。

さらに、

・特別セールの商品が5点しか準備できなかった理由
・どれだけむずかしい企画だったか

をこと細かく説明しました。そして、準備数が5点であったことが特に法律に抵触するわけでもなく、**正当な商売行為である**ことをお話ししました。

やがて話がエスカレートして、お客様と販売員の言い合いになってしまいました。

結局、販売員の佐藤さんの口調が強くなってしまい、まるで打ち負かすような口調になってしまったことに、山田様が不快になり怒り出してしまいました。

話がこじれた上に「おわびとして、山田様用に特別に財布を手配して1000円で販売する」と提案してしまったことで、さらに泥沼に……。

場面2

❷ 販売員の佐藤さんは、丁重におわびしながら山田様のお話に耳を傾けるようにしました。やっとお話が終わったようです。
佐藤さんは誤解があるように感じたので今回の準備数や経緯について説明しました。

こんな対応をしてしまいました

❷ 今回の『本日だけの超目玉商品』では、1000円の財布だけではなく、ほかの

皮革製品を多数準備していることや、準備数についてはチラシ広告に5点と明確に表記していること、加えて、これらは法にはまったく抵触していないことも説明しました。

こう伝えてしまいました

❷ 「そんなことがあったのですか」「そうですか、申し訳ございませんでした」「販売員がそう言っていたのですね、失礼いたしました」

（山田様のお話がほぼ終わりました）

「山田様、貴重なご意見・ご指摘をありがとうございました。ただ、一言だけご説明させていただきたいと存じます。

今回の『本日だけの超目玉商品』では、1000円の財布だけではなく、ほかのお買い得商品を多数準備させていただいております。もちろん皮革製品も多数準備しております。そして、ご指摘いただいている1000円の財布については、山田様にはご迷惑をおかけしてしまいましたが、チラシ広告にも『準備数5点限り』と明確に表記していますので、そのことは法律にはまったく抵触していないのです。ご迷惑をおかけしたことは深くおわびいたしますが、商売としては何ら問題がないことをお伝えしたいと存じます」

（逆接の接続詞「が・しかし・でも・だけど」を使うときには、接続詞の前後に気をつけましょう。接続詞の後にくる表現が強調されてしまうのです。この事例では、「迷惑をかけたのでおわびしますが、明確に表記しているから問題ない」と、「問題ない」が強調されています。そうではなく、「問題はないのですが、ご迷惑をおかけしたことをおわびいたします」と言うと、「迷惑をおかけしたことをおわびします」が強調されるのです。当然、後者の使い方をすべきです）

場面3

❸ 販売員の佐藤さんが「法律上問題ない」と強調したことに山田様は納得しなかったため反論しました。「法律に抵触していなければ何をしてもいいわけではない」と主張し、商売のあり方について山田様は持論を展開し始めました。

ついには両者で議論になってしまい、おさまりがつかなくなり応対が長時間になってしまいました。

こんな対応をしてしまいました

❸ 販売員の佐藤さんは、ここまで山田様がこだわっているのは「朝一番に行ったのに超目玉商品の財布を買うことができなかったくやしさ」からきているのだろう、山田様は「自分用に特別に準備してほしい」というお気持ちがあると推測しました。そこで販売員の佐藤さんは、山田様用として「特別に準備させていただく」と伝えました。

お喜びになるかと思って伝えた販売員の佐藤さんでしたが、山田様から予想外の反撃を受けてしまいました。

こう伝えてしまいました

❸「山田様、いろいろと申し上げてしまい大変失礼いたしました。お話を伺って山田様の貴重なご意見を伺うことができました。何よりも、貴重なお時間を割いて開店と同時にお越しいただいたのに、超目玉商品の財布をお買い上げいただけなかったことは本当に申し訳ないと感じております。もしもよろ

しければ、特別に山田様用に超目玉商品で5点準備した財布と同じものを1点手配いたしますので、それをお買い上げいただくということでよろしいでしょうか？」

結末

山田様は、販売員の佐藤さんの提案を聞いて自分の耳を疑いました。

あれほど**「本日だけの超目玉商品」の正当性**を主張していた販売員の佐藤さんです。そして誠意ある説明とは到底思えない話を長々としておきながら、急に方針を変えるような提案をしてきたことに驚きと怒りを感じたのです。

「販売員の佐藤さんは、どうせ自分のことを『うるさい客だ』と思っているに違いない。この百貨店はこういう考え方の従業員が多い企業なんだろう」と思い、佐藤さんの提案を断って電話を切りました。

なぜいけないのか？

「本日だけの超目玉商品」は、ＡＢ百貨店としてお客様に喜んでいただきたいと企画したものです。百貨店にとっても、多数のお客様のご来店を誘引する真っ当な企画です。お客様にはとても好評だったようですが、一方、商品の準備数が少なかったことも事実です。そのことについて山田様からご意見・ご指摘をいただいたわけです。百貨店にとっては少し耳の痛い意見や指摘です。言い訳や弁解めいたことは言わずに、ありがたく受け入れて参考にする姿勢が必要です。**お客様と議論するなどもってのほか**です。

山田様から**たずねられてもいないのに「本日だけの超目玉商品」の正当性など説明する必要はまったくありません**。お申し出の内容を素直に受け入れることが重要です。

ましてや応対時間が長くなったことを理由に山田様に特別待遇を提案することなど論外です。企業の公平性・信用性を問われてしまいます。

注意点

必ずしも企業側のミスとは言えないことで、お客様が不利益を被ることがあります。お客様からそのようなクレームを受けた際に、どのように応対するのがよいでしょうか。

今回の場合は、「本日だけの特別セール」の「超目玉商品」が開店直後の3分間で売り切れてしまったことが問題になるかどうかです。

もちろん、チラシ広告に『5点限り』と表示してありますし、商品も表示通り準備しています。何ら法律には触れていません。何としても買いたいと思っているお客様であれば一番乗りを目指すはずです。お買い求めいただけなかったお客様には、ご自分の努力不足と言えなくもありません。

ただし、今回の『超目玉商品』は、何十万円もする宝石ではないし、高級家具でもありません。ほとんどのお客様にはお手頃価格の1000円ですから、相当数の購入希望者がお越しになることを想定していないといけません。そのときに、準備数が5点しかないというのでは**大多数のお客様から不満が出るだろうということ**

は明らかです。

少なくとも、午前中までにお越しのお客様全員が購入できるくらいの数量を準備しないといけません。お客様が安全にお買い上げいただけるよう、警備態勢を整えたり、スタッフを増員したりするなど、何らかの手を打つべきでしょう。

恣意的に値段を大幅に下げる、その代わり準備数をごく少量にする、広告チラシには「超目玉商品」として大々的に強調して多くのお客様のご来店を誘引するという、いわゆる『おとり商品』と揶揄されても仕方ないでしょう。商売の基本に反します。**法律に触れなければ何をしてもいいわけではありません**。

「超目玉商品」を大量に確保するのは簡単なことではありませんが「超目玉商品」と称して企画するのですから、それを承知の上で商品確保をすべきです。どのくらいの数を準備すべきか、過去の実績に基づいて判断せざるを得ません。

今回のように即刻完売となれば、お客様が不信感を抱くのは当然でしょう。

「午前中に完売したなら仕方がない」など、多くのお客様からご納得いただけるような数量であれば適正だったといえます。いずれにしても**適正か否かはお客様が判断する**ことになります。

事例 4

面倒なケース（土下座という名のハラスメント）

お怒り内容

「先ほどのスタッフを呼んでこい。あのスタッフが目の前で土下座しなければ、私は許さない」

あるある度 

イライラ度 

悪質度 

ハラハラ度 

何があった？

スタッフの鈴木さんの接客時の言動により、お客様はとても気分を害してしまいました。

上司が応対を代わっておわびしたので、何とかお客様のお気持ちはおさまりましたが、先ほど応対したスタッフの鈴木さんについては気が済まないとおっしゃっています。

「先ほどのスタッフを呼んでこい。あのスタッフが目の前で土下座しなければ、私は許さない」と主張し始めました。

お怒り対応ポイント

会社で禁止している土下座を部下にさせるわけにはいきません。しかし、お客様は「スタッフの鈴木さんの土下座」を要求しています。

最初から「土下座をさせるわけにはいきません」と**ストレートに伝えてしまうとこじれてしまう可能性が高くなります**。どうすればいいでしょうか。

先ほどのスタッフを呼んで 土下座させろ！

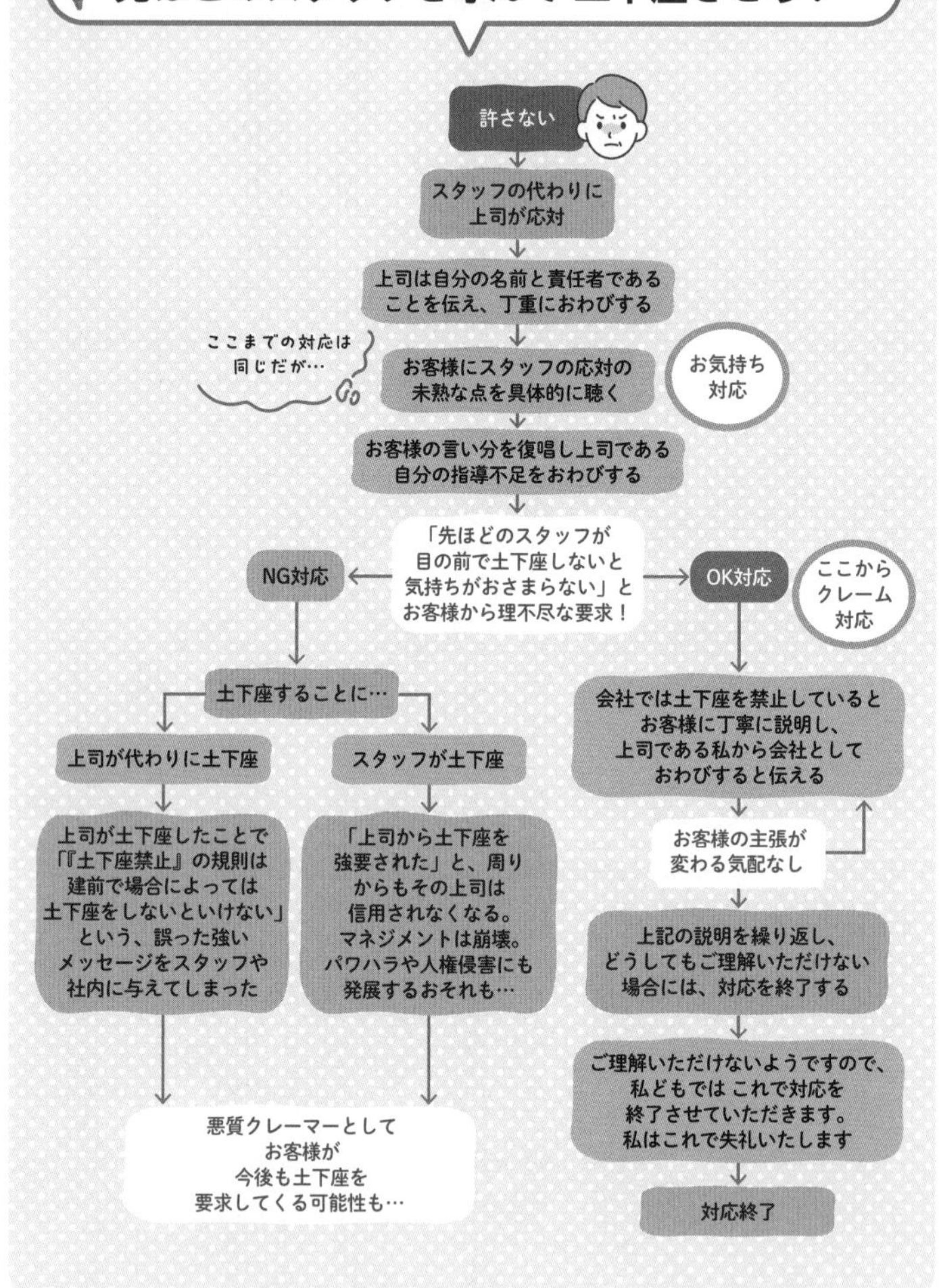

OK対応

お客様は「ご気分を害した」とおっしゃっているのですから、そのことについて責任者は丁重におわびしました。そして、お客様の言い分を十分聴き取った後に、あらためて、自分の指導・監督が不十分であったためにお客様にご迷惑をかけてしまったことをおわびします。

未熟な応対をしたスタッフの鈴木さんに問題はありますが、むしろ、**指導を徹底できていなかった直属の上司である自分に大きな責任があることを伝えます。**

スタッフの鈴木さんに代わって上司が応対し、会社を代表しておわびさせていただきたいことを伝えました。今後は、あらためてスタッフ全員に、今回の内容を伝えた上で指導させていただくことも約束いたしました。すると、お客様からはお許しのお言葉をいただくことができました。

場面 1

❶ お客様は、スタッフの鈴木さんの言動にかなりお怒りです。しかし、スタッフの鈴木さんは、お客様が何にご不満なのかがよくわかっていません。

鈴木さんは、丁寧におわびしてみましたが、お怒りの勢いは続いています。

これ以上、自分が応対を続けているとお客様のお怒りはますます大きくなってしまうと考え、機転を利かして責任者に応対を代わってもらうことを伝えてみました。

すると、お客様は「その通りだ、あんたの顔など見たくない。早く責任者に代わりなさい」とおっしゃっています。

ご了承いただき、鈴木さんは、急ぎ上司のところに向かいました。

お客様をあまりお待たせしてはいけないので、**上司には今回の経緯について簡単に伝えただけ**です。

まずは丁重におわびしていただきたいことを伝えました。

こう対応しました

❶ スタッフの鈴木さんは、丁重に何度もおわびしましたが、お怒りはおさまる様子

はありません。

ここまできてしまうと、どうにもできないので「急ぎ上司に応対を代わってもらったほうがよい」と考え行動に移しました。

鈴木さんは、上司の加藤さんのところに行き、事情を説明しました。

お客様を長い時間お待たせしておくわけにはいきませんので、上司の加藤さんは簡単な説明だけを受けて、お客様のところに駆けつけることを優先しました。

お客様には、自分の名前と責任者であることを伝え、そして、丁重におわびの言葉をお伝えしました。

そして、あらためてお客様から、「スタッフの応対の未熟なところなどを具体的に教えていただけますでしょうか」とお願いしてみました。

こう伝えましょう

❶「私の至らない接客で、お客様には大変ご不快なお気持ちにさせてしまいました。誠に申し訳ございませんでした」

（お客様のお怒りの勢いは衰えません）

「私がこのままお客様のご応対を続けていると、さらにお客様をご不快にさせてしまうことになりそうです。

お許しをいただけるようでしたら、この店の責任者にご応対を代わり、おわびさせていただきたいと存じますが……」

（報告・説明を受けた上司の加藤さんがお客様の前に駆け付けました）

「私は、このショップの責任者をしております加藤と申します。

先ほど、部下からお客様にご迷惑をおかけしてしまったとの報告を受けました。

誠に申し訳ございませんでした。スタッフの言動についてご注意をいただいたと伺っています。

ご不快なお気持ちにさせてしまい、あらためておわび申し上げます。

誠に申し訳ございませんでした。

失礼な応対については、部下から概要は聞いておりますが、**お差し支えなければ、お客様がお感じになられた部下の言動について、直接、詳しく、お聴かせいただけないでしょうか？」**

（お客様のお怒りの勢いが変わっていない状況のときには、対応者が代わっても「お気持ち対

応」から始めます）

場面2

❷上司が代わって丁重におわびし、お客様のお話を丁寧に聴くような応対をしたせいか、お客様のお気持ちは少しおさまったようです。

しかし、部下の鈴木さんに対するお怒りはまったく消えていません。

お客様は

「先ほどのスタッフは、私のことをバカにしたような言い方をしたのです。あなたはそのことを聞いていますか？」

（上司の加藤さんが、「どのようなことを申し上げたのか教えていただけますでしょうか？」とお願いすると）

「だいたい、私に対する態度が気に入らない。いかにもえらそうな顔と態度をしていて『お前にはこの商品は似合わないぞ』とでも言いたいかのような雰囲気だった。

しかも、私はそんなこと知っているのに、あたりまえのことをいちいち説明してくることも気に入らない」など、いろいろお話ししてくださいました。

　その後も引き続き上司の加藤さんが何度も丁寧に・丁重に心からのおわびをしたことで、お客様のお気持ちはだいぶ和らいできたようです。お言葉の口調も今までとは違ったものになってきました。

こう対応しました

❷「バカにした」という言葉を上司の加藤さんが聴くのは初めてでした。その内容を詳しくお話しいただかないといけません。丁重に伺います。
　部下の鈴木さんがそのような雰囲気を醸し出していたのか、失礼な態度をとったのかは今の時点ではわかりませんが、お客様のお気持ちが鎮まるよう、再度おわびすることにしました。

　今のお客様の雰囲気を拝見すると、部下の鈴木さんの応対・言動がどうであったかを確認するよりも、このまま**お話を伺い、共感しながら低姿勢でおわびし続けるほうが解決に向かう早道である**と考え、引き続きお客様のお話を伺うことにしました。

十分お話を伺った後に、上司の加藤さんは、お客様にお話しします。部下の鈴木さんの接客が未熟であることは上司である自分の指導不足が原因であることを、おわびしながら説明しました。

こう伝えましょう

❷「私どものスタッフの言動が、**とても失礼な言い方や態度だったのですね。**

誠に申し訳ございませんでした。

その内容について、詳しくお教えいただいてもよろしいでしょうか？」

（お客様のお言葉を繰り返すのが原則ではありますが、今回の場合は、お客様のお言葉は「バカにした」というものでした。応対者としては同じ言葉で「バカにしたのですね」と繰り返してしまうと、お客様に対して「強い言葉・刺激的な言葉」をかけることになります。そこであえて、「とても失礼な言い方や態度だったのですね」という別の表現を使ってソフトな言い方にしています）

（お客様にお話ししていただきました）

「そうですか、そのような雰囲気でご応対をさせていただいていたのですね。

誠に申し訳ございませんでした。

お客様をご不快なお気持ちにさせてしまった原因は、先ほどのスタッフの接客応対にあったのかもしれません。

先ほどのスタッフ自身が、自分でお客様にお伝えした言葉の意味を理解していないためだと思われます。その言葉を使うことで、お客様がどのようにお感じになられるのかを、まったく理解していないのかもしれません。

そのようなスタッフに対して、適切な指導ができていないことは、**直属の上司である私の責任ですし、その責任はとても大きいと感じています。**

スタッフ個人にも責任はありますが、むしろ、指導できていない上司・会社のほうに大きな責任があると考えております。

上司として、そして会社を代表しておわび申し上げます。申し訳ございませんでした」

場面3

3 責任者が低姿勢のまま反省の言葉を伝えたので、お客様は許してくださるようですが、突然「先ほど応対したスタッフだけはどうにも許せない」と言い出しました。

「先ほどのスタッフはどこに行ったのだ、すぐに呼んできなさい。あのスタッフが私の目の前で土下座しなければ、私のこの不快な気持ちは消えない」とおっしゃっています。

上司の加藤さんは、会社を代表して自分がおわびすることを伝えましたが、お客様は「それはおかしいだろう。私をバカにしたのは先ほどのスタッフなんだから、本人が私の目の前で土下座しないと気持ちがおさまらない。すぐに呼んできなさい」と相変わらずおっしゃっています。

こう対応しましょう

3 会社では土下座を禁止していることを、お客様に丁寧に説明します。

先ほどのスタッフに土下座をさせることはご容赦いただくように伝えます。

スタッフが土下座をすることよりも、上司である加藤さんが会社を代表してあらためておわびさせていただきたいことを、根気よくお伝えします。

加藤さんは、二度・三度と、会社では土下座を禁止していることをお客様に丁寧に説明します。

それでもお客様の主張が変わらないのであれば、これ以降のご応対はできなくなることをお伝えするしかありません。

こう伝えましょう

❸「いろいろとご不快なお気持ちにさせてしまいましたこと、あらためておわび申し上げます。

ただ、先ほどより、部下の土下座がないとお許しをいただけない、とのお申し出をいただいていますが、弊社では、土下座をすることを従業員に禁止しております。絶対に土下座はしないようにと決まっているのです。その分、上司が誠意をもっておわびするようにという方針になっております。ご容赦いただきますようお願いいたします。

しかも、すでに、部下はおわびさせていただいたと聞いております。

加えて、弊社を代表して私も誠心誠意、おわびさせていただいたつもりです。必要であれば、あらためて私がおわび申し上げます。

部下の土下座をご要求されるお気持ちはわかりますが、どうぞ、弊社を代表した私のおわびでお収めくださいますようお願い申し上げます。申し訳ございませんでした」

（責任者の加藤さんは誠心誠意おわびしましたが、お客様の主張が変わる気配はまったくありません）

「私どもでは、誠意をもって十分おわびをさせていただいたつもりですが、それでもお許しいただけないとなりますと、私どもではこれ以降の応対を続けることができなくなりますが……、よろしいでしょうか？」

（それでも、お客様はスタッフの土下座を要求しています）

「ご理解いただけないようですので、私どもではこれで対応を終了させていただきます。私はこれで失礼いたします」

結末

土下座の要求を撤回する様子がないので、**対応を終了**しました。

お客様は不満を持ちながらしばらくその場にいましたが、その後は誰も応対に出てこないことを認識したのか、帰りました。

NG対応

部下が出てきて目の前で土下座しないと納得しない、と執拗に言われてしまいました。まさか、無理やり連れてきて土下座をさせるわけにはいきません。困惑した上司は、自分が代わりに土下座をするのでお許しいただきたいと申し出て、正座して深々と土下座いたしました。お客様としては、部下の代わりに上司が土下座したので、しぶしぶ納得をしました。やっとお客様がその場から帰りました。

こう伝えてしまいました

❹「お客様、すべては指導不足からきておりますので、私の責任でございます。本人をはじめ、全スタッフにはあらためて厳しく指導をしてまいりたいと存じます。本日のところは、私の土下座でどうぞお許しくださいますようお願いいたします」

なぜいけないのか?

今回の場合はやむを得ないからと上司が土下座をしてしまうと、「土下座は禁止」という規則があっても、「今後似たような状況になったときには土下座をしなければいけない」と部下や周りの者に**「逆メッセージ」**を与えてしまうことになります。**「土下座禁止」という規則になってはいるが、それはあくまで建前であり、場合によっては「土下座をしないといけないのだ」という強いメッセージになってしまい、間違った風土が醸成されてしまいます。**

「お客様からの要求だから土下座をしなさい」と上司が部下に強制してしまうと、今後の上司と部下の関係は壊れてしまいます。お客様ではなく「上司から土下座を強要された」と、周りからもその上司は信用されなくなり、マネジメントは崩壊します。

仮に、スタッフ本人が責任を感じて「私に土下座させてください」と上司に申し出たとしても、それは心の底から土下座をしたいと感じているわけではなく、「自分が会社に迷惑をかけてしまったことの『後ろめたさ』『負い目』『後味の悪さ』」からくる言動なのです。私のせいで今回のトラブルを発生させてしまった、その責任を取らねばいけないという意志で申し出ているに過ぎません。

どのような場面であっても、**「土下座をすることは絶対に禁止」**を徹底する必要があります。

注意点

部下に代わって上司が前面に出ておわびしても「先ほどのスタッフが土下座をしなければ許さない」という強硬なお客様に対して、上司はどのような態度を取るべきでしょうか。

実は、土下座の要求は人権侵害になる可能性があります。

刑事罰（強要罪・暴行罪）の対象になるかもしれません。

つまり、**お客様のためにも、要求されたからといって絶対に土下座をしてはいけない**のです。

このことを、企業の規則に盛り込み、全員に指導・徹底させましょう。

このケースの場合は、会社を代表して上司が丁重におわびすることで終了とします。

ちなみに、**おわびの原則**は、次の通りです。

- **部下を出さない**
- **上司が会社を代表して丁重におわびする**
- **それでもおさまらなければ応対を中止する**

事例 5

面倒なケース（ありえない要望）

お怒り内容

眼鏡ショップで視力検査を終えたお客様が「知り合いの眼鏡ショップで眼鏡を作るので、視力検査の結果のデータだけをもらいたい」と言っています。

あるある度	●○○
イライラ度	●○○
悪質度	●●●
ハラハラ度	●●○

何があった？

眼鏡ショップにご来店くださったお客様に視力検査を行いました。視力検査をした後、スタッフがいくつかのメガネフレームとレンズをおすすめしました。すると、お客様は「知り合いの眼鏡ショップで眼鏡を作るので、視力検査の結果のデータだけをもらいたい」と言ってきました。ショップのスタッフはお断りしたのですが、「以前はデータだけくれた」とか、「視力検査はサービスで行っていることではないのか」

と言い出す始末です。

お怒り対応ポイント

内容が非常識なことですので、丁寧に・丁重にお断りをいたします。最初はお断りする理由を丁寧に・丁重に説明していましたが、理由を説明してしまうと、その理由に対してお客様が反論してきます。**説明すればするほど反論・否定をしてきて、お客様の思うつぼになってしまいます。**

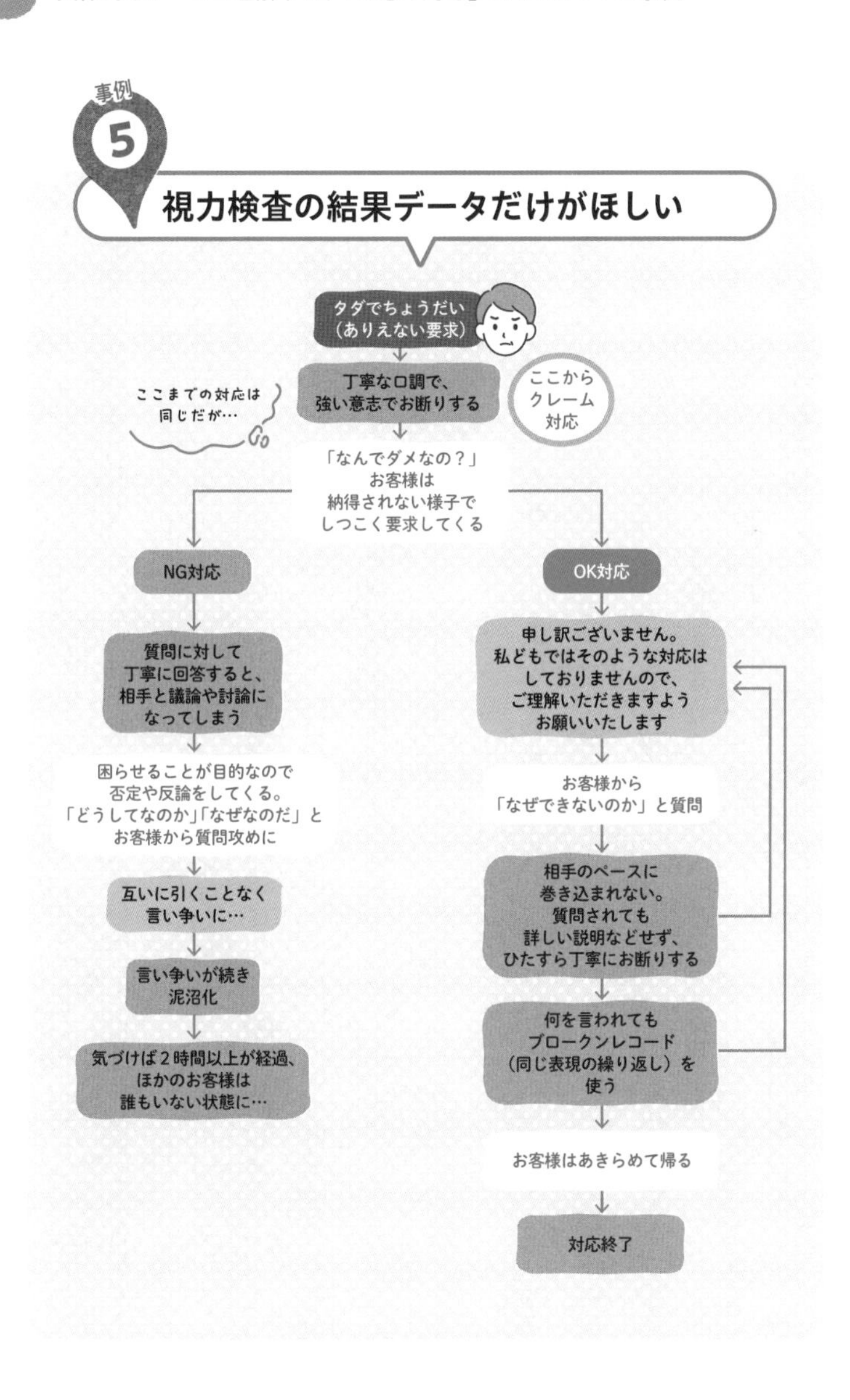
事例
5
視力検査の結果データだけがほしい
タダでちょうだい
（ありえない要求）
丁寧な口調で、
強い意志でお断りする
ここまでの対応は
同じだが…
ここから
クレーム
対応
「なんでダメなの？」
お客様は
納得されない様子で
しつこく要求してくる
NG対応
質問に対して
丁寧に回答すると、
相手と議論や討論に
なってしまう
困らせることが目的なので
否定や反論をしてくる。
「どうしてなのか」「なぜなのだ」と
お客様から質問攻めに
互いに引くことなく
言い争いに…
言い争いが続き
泥沼化
気づけば2時間以上が経過、
ほかのお客様は
誰もいない状態に…
OK対応
申し訳ございません。
私どもではそのような対応は
しておりませんので、
ご理解いただきますよう
お願いいたします
お客様から
「なぜできないのか」と質問
相手のペースに
巻き込まれない。
質問されても
詳しい説明などせず、
ひたすら丁寧にお断りする
何を言われても
ブロークンレコード
（同じ表現の繰り返し）を
使う
お客様はあきらめて帰る
対応終了

OK対応

理屈にならないことをおっしゃっているお客様です。最初は丁重に応対していましたが、あまりにも内容が理不尽でしたので、**お断りする理由を説明せずに、何を言われても「お断りします」のみを伝えました。**何度も同じ姿勢でお断りしたので、お客様はあきらめてお帰りになりました。

場面1

❶「視力検査」のお客様です。他にお客様が多数いらっしゃいましたので、15分ほどお待ちいただいた後、順番が来て検査室で視力の検査をいたしました。スタッフは、視力検査の結果データを手にして、該当するレンズの種類を2〜3種類と眼鏡のフレームを2〜3点持ってお客様におすすめしました。ただ、お客様はスタッフのおすすめにまったく関心がないようです。

「視力検査の結果データだけが欲しいんだけど……」と平然と言ってきました。

スタッフは、丁寧にお断りをしたのですが、お客様は納得しません。「だいたい、眼鏡ショップでは、視力検査は無料サービスでおこなっているのではないか」という非常識なことを言ってきました。

こう対応しましょう

❶ 〝通常の〟お客様だと思ったら、非常識なお申し出をするお客様のようです。
ショップ側が視力検査をおこなうためには、視力検査の資格を持っているスタッフを雇用したり、視力検査用の道具や精密な機器を買いそろえたりしないといけません。当然、コストがかかっています。無料で提供するなど、まず考えられません。

お客様のお申し出は非常識としか言いようがありません。

丁寧な口調ではありますが、強い意志でお断りします。

お客様が粘るのであれば、スタッフも粘ってお断りをします。

こう伝えましょう

❶ 「お客様、大変申し訳ございません。視力検査の結果データだけをお渡しす

る、ということはしていないのですが……。

視力検査は、私どものショップでレンズとフレームをお買い上げいただくということでおこなっているものでございます。申し訳ございませんが、どうぞご理解いただきますようお願いいたします」

場面2

❷お客様は「私の知り合いが先日このショップで視力検査のデータだけを無料でもらってきたと言っていた。その人はもらえたのに、どうして私にはもらえないのか?」と言っています。

さらに「無料ではないのなら、視力検査が有料であることを店内の案内看板などで掲示すべきでしょう。そういう看板のようなものがないということは、無料でサービスを受けられると思うのが普通でしょう」とまったく引きません。

こう対応しましょう

② お客様の話のペースに巻き込まれないようにします。

お客様がおっしゃっていることに親切心でいちいち丁寧に回答していると、それぞれの回答に対して何かしらの「ケチ」をつけてくることがあります。話が広がってしまうと、収拾がつかなくなります。

スタッフは、質問されても詳しい説明などせずに、ソフトに丁寧に丁重な口調で、ただ、お断りするだけにしましょう。

こう伝えましょう

② 「申し訳ございません。私どもではそのような対応はしておりませんので、ご理解いただきますようお願いいたします」

場面3

③お客様は、ますます大声で、「それはおかしい。だったら先ほど言ったように、どうして視力検査の料金表示をしていないんだ。私の知り合いは無料でデータをもらったのに、差別をする気か！」と言っています。

こう対応しましょう

③スタッフ側も粘って粘って、何を言われようが冷静な姿勢で何度でもお断りするだけです。**「理由を言ってみろ」と詰め寄られても、ただ単におわびするだけです。**

丁寧に説明すればするほど、反論してきますので、「申し訳ございません、私どもではそのような対応はしておりませんのでよろしくお願いいたします」という言葉だけを繰り返します（ブロークンレコード）。

こう伝えましょう

③「申し訳ございません。私どもではそのような対応はしておりませんのでよ

ろしくお願いいたします」

(「だから、料金表示をしろ、と言っているんだよ。どうして料金表示をしていないのか、理由を教えてほしい」と言っています)

「申し訳ございません、私どもではそのような対応はしておりませんので、よろしくお願いいたします」

(「だから、理由を言ってみろ、と言っているんだよ。理由を言ってみろよ」と強硬に言ってきました)

「申し訳ございません、私どもではそのような対応はしておりませんので、よろしくお願いいたします」

結末

周りにお客様が多数いらっしゃいましたが、スタッフは終始「申し訳ございません、私どもでは……」を何度も何度も繰り返した結果、非常識なことを言っていたお客様はあきらめて帰ってしまいました。

クレーム対応では、お客様の執拗さに負けないように、応対者も執拗にお断りするという「根比べ」の場面は多数あります。

NG対応

お断りをしましたがお客様は納得されません。お断りの理由を何度も伝えましたが、お客様は、お断りの理由を説明すればするほど、その理由に反論してきます。お客様の反論に対して、今度はショップ側がお客様のその反論が理屈にならないことを説明してしまいます。お客様は、そのショップ側の説明に再度反論してきます。お互いに常識がまったく違いますので考え方が一致するはずがありません。話が平行線になってしまいました。

場面4

❹ お客様とスタッフが話し合いではなく、討論になってしまいました。

（お客様と議論や討論をしてはいけません）

こう対応してしまいました

4 視力検査の結果データを無料でお渡しすることはしていないことを説明すると、「どうしてなのか」と質問がきました。

その質問や反論に応えていくと、そのことに対してまたまた質問や反論をしてきます。その反論に、丁寧に「そういう考え方はしていないのですが……」と伝えると、「どうしてなのか？　それはかくかくしかじか、こういう理由でおかしい」と反論してきます。いつまでたっても平行線です。

こう伝えてしまいました

4 お客様「視力検査は無料なのではないか？」
スタッフ「申し訳ございません、無料ではないのですが……」
お客様「なぜ無料ではないのか？」
スタッフ「眼鏡のレンズやフレームなどをお買い上げいただくために視力検査をしているのです。レンズやフレームをお買い上げされない場合は、視力検査をおこなう必要性がありませんので……」

〈泥沼化の入口〉

お客様「必要性がない人ばかりではないのでは……。私は必要なんだから」

スタッフ「申し訳ございません、やはり、いろいろとコストがかかっていますので、視力検査だけ、というのは承っていないのですが……」

〈泥沼化へ踏み入れ〉

お客様「コストがかかると言ったって、レンズやフレーム自体には、コストを考えてそれに見合うだけの値段を付けているはずだ。言っていることがおかしい。説明になっていない」

スタッフ「そうではないんですよ。視力検査を行うには、視力検査の専門家を雇用し給与を支払うコストがかかります。検眼室を設置して、視力検査用の精密機器や設備等々を準備・設置しなければならないのでコストがかかっているのです。そのほか、さまざまなコストがかかるのです。無料ということはありえません」

〈泥沼化にまっしぐら〉

お客様「眼鏡ショップを開業して維持するからには、コストがかかるのはあたりまえのことじゃないか。そんなことを言うのなら、視力検査は有料であるという表示をすべきだ」

スタッフ「無料ではないことはすべてのお客様がご存じのことです。眼鏡の代金の中に、視力検査にかかる費用、待合室で座っていただくソファーの購入費用、お待ちいただく間にご覧になる雑誌・新聞の購入費用、とすべてが包含されていることを皆さんご存じなのです」

（泥沼に突入）

お客様「皆さんご存じです……と言っているけど、そんなこと、あんたは正式な調査機関に依頼して調べたことがあるのか？」

スタッフ「いや、調べたわけではないですけど……」

（泥沼からもう引き返せない）

お客様「私の知り合いは無料でもらったと言っていたのに、私には無料で渡せない、と言っている。その理由は何か？　お客様を見て差別をしているのか？」

スタッフ「お知り合いのお名前は……どちらさまでしょうか？」

（泥沼の渦中）

お客様「そんな個人情報は教えられない。あたりまえのことじゃないか」
スタッフ「それでは、私どもではお知り合いの方に無料で渡したかどうか調べることができません」
（完全に泥沼に）
お客様「そんなの過去の資料を見ればすぐにわかるじゃないか。調べなさいよ」
（白旗）

結末

お互いかたくなになってしまい引き下がらず、2時間が経過してしまいました。声は大きくなる、口調はきつくなる、その場の雰囲気は最悪な状態です。周りのお客様はショップから出て行ってしまいました。もちろん、入店するお客様は誰もいませんでした。

なぜいけないのか？

お客様のご要望はかなり非常識なことです。

非常識な要求にいちいち丁寧な回答をしていると、そのうちにお客様と議論をするようになってしまいます。議論どころか討論になってしまいます。

結局、お客様のお申し出の本質から離れてしまい、まったく違った論点で議論するようになってしまいます。

今回のような場合には、丁寧な回答をするのではなく、**単純にお断りの文言を何度も丁重に繰り返すしかありません。**

注意点

お客様から、理不尽・非常識な要求を受けたときには、お客様のペースに巻き込まれないことが大切です。

何を言われても「申し訳ございません、お断りします」の**ワンパターンの断り**

方をおすすめします。

お客様はブロークンレコードを受けて「根負け」し、その場からいなくなりました。

しかし、お客様の多くは、そのままあきらめることはしません。相手にしてくれず、邪険にされたことでメンツを潰されたと感じて、気分を悪くしているはずです。

中には応対したスタッフに恨みの感情を持つお客様もいます。

時間がたってからショップや会社に電話をし、「あのとき対応をしたスタッフの態度や言動がとても失礼だった」などと抗議してきます。

ブロークンレコードを活用する場合は、**事前に上司と相談して「職場のルールとして使用OK」と、決めておかねばなりません。**

上司がブロークンレコードの知識がないとやっかいなことになります。

後日、お客様から抗議の電話がきて上司が事情を伺った後に、「お客様からたずねられたのにどうして理由を言わなかったんだ」などと、応対したスタッフは叱責を受けることになります。ブロークンレコードを活用したスタッフだけが損をすることに……。

こうなることを狙っていたお客様はさらに逆上し、勢いを増していきます。ショップ側が理不尽な要求に応じてしまう第一歩になりかねません。

周りのお客様は「理不尽な要求にショップはどう対応をするのか」を見ています。

お客様がご覧になっているからこそ、私たちは毅然とした態度で応対しなければなりません。周りのお客様の信用を得られるか、失ってしまうか、ここが境目となるのです。

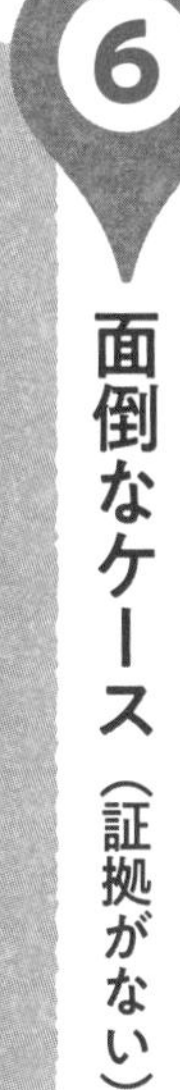

面倒なケース（証拠がない）

お怒り内容

「そんなのおかしい、その値札タグはもともと付いていたもので、それが正式な値段でしょう。間違えて付いていたのならそちらのミスですし、そちらの責任でしょう。納得できないから本社の人と電話で話がしたい、電話をつないでください」とお客様は言い始めました。

あるある度
イライラ度
悪質度
ハラハラ度

何があった？

フィッティングルームの中で、値段の安い商品の値札タグをはずして、自分が購入したい商品に付け替えて会計にきたようです。

会計時にレジのスタッフが、値札タグが違っていることを伝えると「もともとこのタグがついていた」と言い張っています。レジのスタッフが、タグが違っているのでこのままでは購入できないことを伝えると「本社の人と電話で話をしたい」と言い出しました。

お怒り対応ポイント

レジのスタッフは、このお客様は不正なことをしていると感じています。ただし、明確な証拠があるわけではありません。長年のスタッフの「カン」のようなものと、値札タグの状況を見れば間違いないという自信から、限りなく「黒」だ（値札を付け替えた）と判断しています。正義感の強いスタッフが断定口調でお客様に伝えてしまうと……

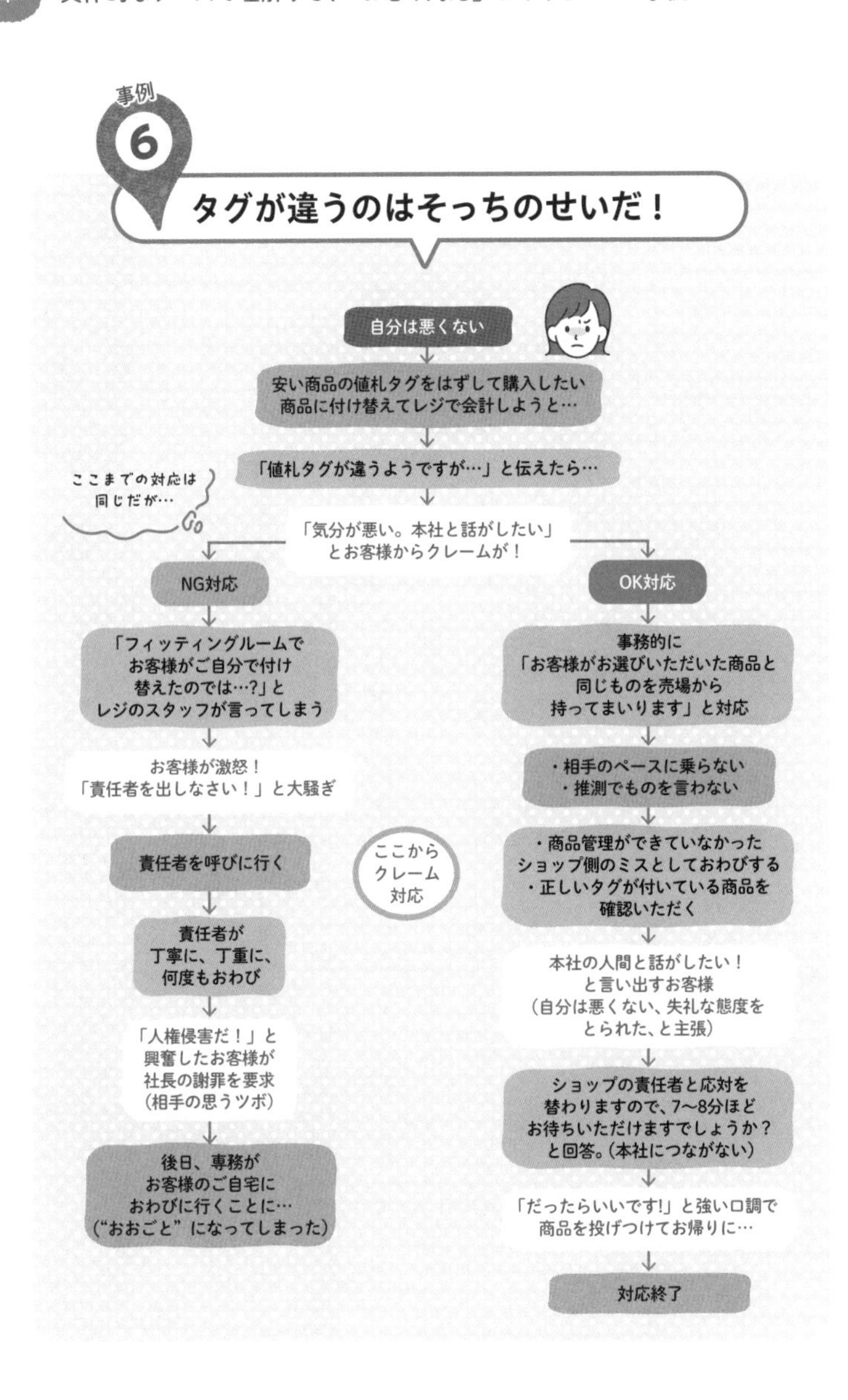
事例
6
タグが違うのはそっちのせいだ！
自分は悪くない
安い商品の値札タグをはずして購入したい
商品に付け替えてレジで会計しようと…
「値札タグが違うようですが…」と伝えたら…
ここまでの対応は
同じだが…
GO
「気分が悪い。本社と話がしたい」
とお客様からクレームが！
NG対応
「フィッティングルームで
お客様がご自分で付け
替えたのでは…?」と
レジのスタッフが言ってしまう
お客様が激怒！
「責任者を出しなさい！」と大騒ぎ
責任者を呼びに行く
責任者が
丁寧に、丁重に、
何度もおわび
「人権侵害だ！」と
興奮したお客様が
社長の謝罪を要求
（相手の思うツボ）
後日、専務が
お客様のご自宅に
おわびに行くことに…
（"おおごと" になってしまった）
ここから
クレーム
対応
OK対応
事務的に
「お客様がお選びいただいた商品と
同じものを売場から
持ってまいります」と対応
・相手のペースに乗らない
・推測でものを言わない
・商品管理ができていなかった
ショップ側のミスとしておわびする
・正しいタグが付いている商品を
確認いただく
本社の人間と話がしたい！
と言い出すお客様
（自分は悪くない、失礼な態度を
とられた、と主張）
ショップの責任者と応対を
替わりますので、7～8分ほど
お待ちいただけますでしょうか？
と回答。（本社につなげない）
「だったらいいです!」と強い口調で
商品を投げつけてお帰りに…
対応終了

OK対応

値札タグが付け替えられています。商品を会計に持ってきたお客様が付け替えたようではありますが、**証拠はありません。**スタッフは、お客様を「不正した本人」と決めつけることはせずに、**事務的に「お客様がお選びいただいた商品と同じものを売場から持ってまいります」**と伝えました。

お客様から「この商品にはこの値札タグが付いているのだから、こちらの値段ではないのか？」とたずねられましたが、事務的に新しい商品を持参して、そちらをご確認いただくという方法をとりました。

お客様は「気分が悪い。本社の担当者につなぎなさい」と言ってきましたが、「このようなことは、本社の担当者ではなく現場のスタッフが対応することになっている」ことを丁寧に伝えて、**お客様のペースに乗らない**ようにしました。

場面1

❶ お客様が会計するためにお買い上げ商品をレジに持ってきました。

レジ担当のスタッフの中村さんが、本来のものと違った値札タグが付いていることに気づきました。

一目見ただけで、付け替えたような形跡があります。

ショップ内にあるフィッティングルームで試着しているふりをしながら、値段の安い商品の値札タグをはずし、購入したい商品に付け替えたようです。

レジのスタッフの中村さんが、「（本来の）商品を売場から持ってまいります」と伝えると、お客様は、もともとそれが付いていた、と主張し始めました。

スタッフの中村さんが、再度、値札タグがまったく違うことを丁寧に説明したのですが、「そんなのおかしい、その値札タグはもともと付いていたものです。付いていた値段が正式な値段でしょう。間違えて付いていたのならそちらのミスですし、そちらの責任でしょう。納得できないから本社の人と電話で話がしたい。電話をつないでください」と言い始めました。

こう対応しましょう

❶ レジ担当のスタッフの中村さんは、お客様の言動に不自然さを感じていますが「値札タグ」を付け替えているところを直接見ていたわけではありません。

このお客様が付け替えたという明確な証拠があるわけでもありません。限りなく「疑わしい」場面ですが、あくまでも推測の域を超えないため、推測だけでお客様を犯人扱いはしません。大きなトラブルになってしまいます。

商品管理ができていなかったショップ側のミスであることを理由に、おわびします。

そして、正しいタグが付いている商品をすぐに売場から数点持ってきてご覧いただき、ご理解いただくようにします。

「本社に電話をつないでほしい」というお求めには応じないようにします。

毅然とした態度（口調はソフトに丁寧に丁重に）でお断りします。

それでも「電話をつなぎなさい」とおっしゃるようでしたら、ショップの責任者に応対を代わってもらいます。

ほかのお客様が会計でお待ちになっていますので、別のスタッフに会計レジの入力をお願いして責任者を呼びにいきます。

責任者に経緯を報告しないといけませんので、お客様には7～8分お待ちいただくようお願いします。

こう伝えましょう

❶「大変申し訳ございません、こちらの商品には違う値札タグが付いていたようです。**商品管理が正しくできてなくて申し訳ございませんでした。**
ただ今、同じ商品をいくつか持ってまいります」

（同じ商品をいくつか持ってきました）

「同じ商品をいくつか持参しましたので、『値段タグ』をご覧いただいてもよろしいでしょうか？ ご確認いただきましたら正しい金額でお会計させていただきます」

（「そんなのはおかしい、本社の人と電話で話をしたい」と言い出しました）

「誠に申し訳ございませんが、本社に電話をつなぐ、というようなことはしておりませんのでご容赦願います。このまま私がお話をお受けいたします」

（それでも「本社の担当者と話がしたい」とおっしゃっています）

「それでは、ショップの責任者と応対を代わりますので、少々お待ちくださいませ。

責任者に経緯を報告しなければなりませんので、**7〜8分ほどお待ちいただけますでしょうか？**」

結末

「本社の担当者に電話をつながない」と明確に断られ、さらに「ショップの責任者に応対を代わる」と言われてしまったお客様は、これ以上言っても無理だと感じたのか、「それだったらいいです！」と強い口調で言いながら、商品を投げつけてお帰りになりました。

NG対応

値札タグが付け替えられていることはスタッフであれば誰でもわかります。

あやしいと感じていたスタッフの中村さんは、お客様に対して「ご自分で付け替えたのではないですか？」というようなことを言ってしまいました。ストレートにその言葉をもらったお客様は、突然怒り出して、「証拠はあるのか？　証拠もないのに犯人扱いしている」と抗議し始めました。

責任者が出て対応を代わりましたが、まったく効果がありません。結局、ショップの会社の役員が対応せざるを得なくなり、後日、菓子折を持っておわびに上がる、という事態になってしまいました。

場面2

②「絶対にこのお客様が値札タグを付け替えたに違いない」と決めつけてしまった
スタッフの中村さんは、お客様に「フィッティングルームでお客様がご自分で付け替

えたのでは……?」とつい口にしてしまいました。

周りには多数のお客様がいて、こちらの対応を興味深く見ています。

確たる証拠はないのにスタッフの中村さんがお客様を犯人扱いしてしまったことで、お客様は憤慨し、「責任者を出しなさい!」と大声を出しています。

別のスタッフがショップの責任者を呼びに行き、すぐに責任者がお客様の前に駆けつけました。

こう対応してしまいました

❷ まじめで正義感のあるスタッフの中村さんは、このお客様がフィッティングルームの中にいた時間があまりにも長かったことや、会計に来る直前に別の商品を売場に戻してからレジに向かったのも何となく覚えています。

そこで「絶対にこのお客様が値札タグを勝手に付け替えてしまったに違いない」と決めつけてしまいました。このような「お客様」とは呼べないような人(通常、商品をお買い上げくださるのが「お客様」です。明らかに不正なこと、理不尽なことを要求してくる人は、もう「お客様」とは呼べなくなっています）に対しては、少し厳しく言わなければわからないと感じていたので、スタッフの中村さんは勇気を出して言ってしまいました。

お客様は「失礼なことを言うスタッフだ」とばかり大声で責任者を呼ぶようにとおっしゃっています。

こう伝えてしまいました

❷「お客様、あそこのフィッティングルームの中で何かやっていましたよね。値札タグを付け替えていたのではないですか？　商品に付いている値札タグの状態をスタッフが見れば、付け替えたかどうかは一目瞭然なのです。そういうことをされては困るんですよね」

場面3

❸お客様は「責任者を呼びなさい。こんな失礼なことを言われたのは生まれて初め

てだ。人権侵害だ！」と大声で怒鳴っています。

これ以上は対応できないと感じたスタッフの中村さんは責任者を呼びに行きました。

こう対応しましょう

❸ ショップの責任者がお客様の前に駆けつけてきて、長時間（7～8分ではありますが……）お待たせしてしまったことをまずはおわびします。
同時に、自分の名前を告げ、自分が責任者であるとはっきりお伝えします。

責任者は、事情を100％理解しているわけではありませんが、まずは丁寧におわびすることを第一優先とします。

さらに、スタッフがお客様にとても失礼なことを申し上げてしまったことについて、何度でも丁寧に丁重におわびします。

あらためて、お客様がご不満に感じていることを詳しく聴き取るようにします。もちろん、反論や言い訳は絶対にしないよう注意します。

こう伝えました

3 （責任者の久保さんがお客様の前に駆け付けました）

「大変お待たせいたしました。**私は責任者の久保と申します。**私どものスタッフが、お客様に大変失礼なことを申し上げてしまい申し訳ございませんでした。おわび申し上げます。

（お客様は、「あのスタッフが私に対して、とても侮辱（ぶじょく）的なことを言ってきた。失礼じゃないの！」と告げています）

「そうですか、誠に申し訳ございませんでした。おわび申し上げます」

（「私を犯人扱いしたんですよ。証拠でもあるんですか？」）

「そんなことを申し上げたのですか。フィッティングルームにいる時間が長過ぎるので、値札タグを付け替えていたのではないか……と申し上げたのですね。大変失礼いたしました。おわび申し上げます」

「そして、証拠もないのに勝手に決めつけてしまい、『そういうことをされては困る』、と強く申し上げたのですね。本当に申し訳ございませんでした」

（**「受けの技術・返しの技術」の「繰り返し」を活用**しています）

場面4

❹丁寧に、丁重に、責任者が何度もおわびしたのですが、お客様は興奮していてまったく効き目がありません。「ショップの責任者の応対では軽すぎる。人権侵害しているのにこの場には社長はおわびに来ないのか？」と言い始めました。

ショップ責任者が丁重におわびしてもまったく解決する様子が見えないので、仕方なく本社に連絡して指示を仰ぎました。

本社からは、「専務取締役がお客様のご自宅におわびに行くことを提案するように」と指示がありました。

こう対応しましょう

❹お客様に、10分ほど時間をいただき、「本社に報告して相談させていただきたい」と提案しましょう。

（本社に相談したところ）

「お客様が指定する日時に、専務取締役の田中がご自宅におわびに行く、ということでお客様からご了承をいただきなさい」と指示が出ました。
お客様にそのことを提案し、日程調整をして専務取締役の田中さんがご自宅に伺い、おわびすることになりました。

こう伝えました

❹「お客様、今から本社に連絡して顛末を報告した上でどのような対応ができるのかを相談させていただきたいと存じます。10分ほどお待ちいただけますでしょうか？」

（「すぐに連絡しなさい」と指示され、さっそく本社に連絡しました）

（本社から指示を受けました）

「お客様、大変お待たせいたしました。今、本社に今回の顛末を詳しく報告をいたしました。あいにく社長は海外出張で不在にしています。弊社の専務取締役である田中が、すぐにでもおわびに伺わせていただきたいと申しております。本日でも明日でもお客様のご都合のよい日時をご指定いただければ、その時刻に訪問させていただきたいと申しております。ご都合はいかがでしょうか？」

結末

翌日の14時という日時を指定され、専務取締役がおわびのためにご自宅を訪問しました。

お客様は「みんなが見ている前で犯人扱いされて、これほど恥をかいたことはない」と何度も強調していました。

さらに「私が値札タグを付け替えたという証拠は見つかったのか？」ということもしつこくおっしゃっていました。一度の訪問ではお許しをいただけず、結局、4回目の訪問でやっとお許しをいただきました。

なぜいけないのか？

このお客様が付け替えたと「状況的に思われる」程度で決めつけてはいけません。

あるいは、ほかのスタッフから「私が間違いなく見ましたから」と言われたとしても、**「そのスタッフが見た」以外の証拠がないのであれば、決めつけた主張**

をしてはいけません。

スタッフは自信があるとしても、残念ながら証拠はないのです。

今回の経緯を振り返ると、このお客様が付け替えたのが真実かもしれません。しかし、たとえそうであっても、この程度の状況証拠では絶対に決めつけてはいけません。「無実なのに犯人扱いされた」となり、人権侵害に該当するかもしれません。

精神的なダメージを相当受けるはずです。スタッフの慎重な言動が求められます。

注意点

「お客様が不正な行為や行動をしているようだ」といった場面を見ることはあるかもしれません。

プロである従業員から見れば「間違いない」と自信を持って言えるのかもしれませんが、明確な証拠があるわけではありません。

明確な証拠がないのですから、勝手に決めつけてはいけません。

推測だけで、お客様を犯人扱いすることは絶対にやめましょう。

お客様にはあくまでも「ショップの商品管理ミス」ということでおわびし、**お願い口調**で通します。

犯人扱い＝恥をかかされたことになりますから、少なくともショップの責任者が前面に出て応対することは必須です。

今回の事例は**ショップ側のミス**と言えますので、ショップの責任者で対応ができない場合には、本社に連絡をせざるを得ないでしょう。

ショップ側のミスが明確で、その内容も重大だった場合を除きますが、基本的には、**お客様から「本社と連絡したい」と言われてもお断りする**よう徹底しましょう。このような場合には、「本社にはつながず、必ずショップ側でお断りする」ことを、本社とショップの間で規則として決めておきましょう。

同様に「社長を出せ」と言われたからといって、社長を出さなければいけないわけではありません（社長自らがおわびに行きたいと積極的に言っているのであれば別です）。ある程度の役職の人（本社の部長、同程度の役職の人）が会社を代表しておわびに上がるときの規則などは、あらかじめ決めておきましょう。

［著者］
川合 健三（かわい・けんぞう）
1974年中央大学経済学部卒業。卒業後、株式会社髙島屋入社。横浜店人事部教育課にて教育担当係長、横浜店販売部にてマネジャーとして婦人アクセサリーを担当、横浜博覧会出展の準備委員会総務課長、横浜髙島屋のパビリオンの館長代理を務めるなどし、1991年に玉川店人事課長として着任。
その後、玉川店販売部統括課長、横浜店販売部統括担当次長として、販売計画の立案、マネジャーへの指導などの部門経営を実践した後、1998年に横浜店販売部教育・サービス担当次長として、従業員教育の企画･立案と実際の従業員教育を実施。その後、港南台店販売部教育・サービス担当次長、販売部統括担当次長を経て、2002年に玉川店お客様相談室室長に。お客様からの声に実際に対応し、相談員へのスキル指導、売場責任者へのクレーム対応のノウハウの指導を実践する。2007年には横浜店顧客グループマネジャーとなり、34年間の百貨店勤務で、自身が携わったクレーム対応は2000件以上にのぼる。
2008年5月髙島屋退社、K.コム.トレードを設立。売り場およびお客様相談室長としての豊富なお客様対応と、従業員への教育や相談員へのスキル指導などの経験を活かして、多数の企業や組織に対し、お客様対応・クレーム対応の指導およびコンサルティング、講演をおこなっている。
スーパー、チェーンストア、ドラッグストア、商業施設などの小売業を中心に、冠婚葬祭、レジャー施設、スポーツクラブなどのサービス業、病院や学校の先生、地方自治体公務員、刑務官、図書館司書、商工会議所（商店街の店主）など幅広い層に向けての講演は800回にのぼる。著書には『クレーム対応が会社を伸ばす』（自由国民社）がある。

クレーム対応以前の「お客様対応」
お怒り対応マニュアル

2023年10月3日　第1刷発行

著　者――川合健三
発行所――ダイヤモンド社
〒150-8409　東京都渋谷区神宮前6-12-17
https://www.diamond.co.jp/
電話／03･5778･7235（編集）　03･5778･7240（販売）

ブックデザイン―吉田考宏
カバーイラスト―すぐる画伯
本文デザイン・DTP―明昌堂
校正――ダブル ウイング
製作進行――ダイヤモンド・グラフィック社
印刷・製本――勇進印刷
編集担当――和田史子

ISBN 978-4-478-11296-0